Aventures
en famille

42 IDÉES POUR VOYAGER AU GRAND AIR

AVEC SES ENFANTS

VOYAGES
GALLIMARD

L'auteur

THIBAULT LIEBENGUTH

Depuis qu'il a enjambé la clôture du chalet familial pour explorer la forêt voisine, Thibault Liebenguth n'a cessé de vouloir passer le plus de temps possible dans la nature. Après avoir gravi, seul ou avec d'autres passionnés, pas mal des plus belles montagnes de France, c'est avec sa femme, Milena, et leurs deux aventuriers en herbe, Emma et Noa, qu'il part à l'aventure : à vélo, à pied, en paddle ou en canoë, en traîneau à chiens ou avec un âne, rien ne les arrête! Toujours avec bonne humeur et une insatiable curiosité pour le monde naturel.

Adepte du *Manuel des Castors juniors*, membre de la communauté Chilowé et du comité d'administration de Protect Our Winters, cet Annécien d'adoption conseille les entreprises de sports de pleine nature dans leur stratégie de responsabilité sociétale.

Instagram : @tibolib

Avant-propos

À mes deux petits baroudeurs, Emma et Noa,
qui m'ont appris à partir à l'aventure autrement

Depuis tout petit, je suis en contact avec la nature, et n'ai qu'une envie : embarquer mon entourage dans mes pérégrinations. Alors quand un enfant est arrivé dans ma vie, puis un second, il a fallu adapter ma manière de voyager et apprendre à profiter de la nature tous ensemble. Avec de nouvelles règles du jeu. Car l'aventure en famille nécessite quelques ajustements, histoire de partir en toute sérénité…

Avec d'autres parents baroudeurs, nous vous livrons ici le récit de nos aventures, comme on conte une histoire au coin du feu à des amis : pour vous inspirer et vous aider à oser partir à l'aventure. À vous de vous les approprier, de les adapter à votre goût et à votre tribu, de les transposer dans d'autres territoires pour concevoir une expédition familiale qui vous ressemble.

Vous avez envie de montagne, de grand air, de nuits en refuge ? Partez donc randonner sur les balcons du mont Blanc ! D'itinérance à vélo ? Remontez l'Allier sur la véloroute de l'Auvergne. De descendre une rivière ? Programmez canoë et bivouac sur la Dordogne. Envie d'un bain de forêt aux portes de Paris ? Direction Compiègne. De respirer l'air du large ? Partez faire le tour de l'île de Groix à pied !

Nous avons adapté les temps de trajet, les activités et les hébergements aux enfants. Au fil de ces pages, nous avons distillé des conseils pratiques pour s'organiser, réussir son bivouac, bien s'orienter, mais aussi des savoirs utiles pour tisser un lien fort avec la nature.

Si vous lisez ces lignes, c'est que vous avez fait le premier pas vers l'aventure en famille. À vous les chemins forestiers, les descentes de rivière en canoë, les chemins de traverse à vélo, les randonnées au long cours en montagne, les nuits sous la tente en pleine nature ! La porte est ouverte, il ne tient qu'à vous de la franchir en famille…

Allez, tout le monde dehors !

Thibault Liebenguth

10 bonnes raisons
DE SE LANCER DANS L'AVENTURE EN FAMILLE

1 L'AVENTURE EST SUR LE PAS DE LA PORTE

Nul besoin de partir loin, c'est le principe de la microaventure : explorez votre région, redécouvrez-la en automne ou en hiver, à vélo ou en canoë, en dormant sous la tente ou en refuge... Le dépaysement est plus proche qu'on ne le croit.

2 PRENDRE LE TEMPS

Et si voyager c'était aussi ralentir un peu, prendre le temps? Avec des enfants, l'excuse est toute trouvée : mettez-vous à leur rythme. Sans pression ni objectif inatteignable : l'essentiel est de passer du temps dehors et d'en profiter tous ensemble!

3 SORTIR DE SA ZONE DE CONFORT

S'il n'y avait pas une touche de frisson, d'inattendu et même parfois un peu d'inconfort, l'aventure ne serait pas l'aventure! Dormir dehors, sortir même s'il neige, essayer un nouveau sport... c'est l'essence même de l'aventure, pour les petits comme les grands.

4 RENOUER AVEC LA NATURE

Observer les arbres, admirer les étoiles, se sentir tout petit face à l'océan, surprendre le vol d'un rapace, la course d'un chamois, glisser sur l'eau, dormir au grand air, cueillir des myrtilles, observer la vie des insectes... La nature est là, à portée de regard.

5 La France est un terrain de jeu sans pareil

Véloroute en Bretagne, randonnée dans les Écrins, canoë sur la Dordogne, balade avec un âne en Haute-Loire, nuit en refuge en Savoie, paddle dans le Pays basque, bivouac dans le Massif central… L'éventail des paysages et des activités est infini!

6 Embarquer tout le monde

L'aventure en pleine nature est accessible à tous, et toujours plus enrichissante à plusieurs, alors embarquez vos enfants, mais aussi leurs copains, vos voisins, les grands-parents… L'aventure est encore plus belle à partager!

7 L'apprentissage de l'autonomie

Apprendre à partir léger, à se concentrer sur l'essentiel, à faire à manger, à monter une tente… L'aventure, c'est l'autre école de la vie! Profitez-en pour faire participer vos enfants, ils n'en seront que plus fiers.

8 Se lancer des défis un peu fous

Pour motiver les enfants, rien de mieux qu'une proposition rigolote, un défi un peu culotté. Pas d'exploit sportif, non, mais un itinéraire original, des activités qui changent, un but à atteindre… Soyez créatifs!

9 Être plus sensible à la nature

En l'explorant, on apprend à connaître et à aimer le monde naturel, à le respecter et le protéger. Ne pas laisser de traces derrière soi, prendre soin de la faune et de la flore, autant d'habitudes qu'adopteront vite vos petits aventuriers.

10 Vous avez toutes les cartes en main

Dans ce livre, nous vous livrons des itinéraires clé en main, mais nous avons aussi voulu inspirer vos propres aventures : reprenez ces idées à votre compte, adaptez-les à votre région, à votre humeur et à votre tribu!

Sommaire

01

Les aventures
de Thibault

Dans la steppe

RANDONNÉE ET BIVOUAC SUR LES VOLCANS DU SANCY

Au cœur du Massif central, le massif volcanique des monts Dore déroule ses paysages de puys pelés au doux relief. But de cette aventure de deux jours en famille : le puy de Sancy, dont l'étonnante silhouette alpine domine l'ensemble du haut de ses 1885 mètres. Au départ du col de la Croix-Morand, cet itinéraire en montagnes russes au fil du GR4, franchissant pas moins de sept puys, met toute l'Auvergne à portée de regard. Le bivouac sous tente au puy de Barbier, isolé au milieu des prairies d'altitude, vous donnera l'impression d'être perdu dans la steppe mongole.

2 jours
À partir de 8 ans

DISTANCE
4 km

DÉNIVELÉ
+ 350 m

NUIT
Bivouac sous tente

Jour 1

Col de la Croix-Morand → Puy de Barbier

Après avoir pris des forces à l'Auberge du Buron, nous nous élançons sur les pentes du premier volcan, le puy de la Tache. Une montée assez raide, sur le GR4, mène au sommet en moins de 40 min. Retournez-vous et profitez du spectacle qui s'offre à vous à 360°. On aperçoit le lac du Guéry, au nord, et le lac Chambon, à l'est, mais surtout l'alignement de 80 jeunes volcans aux formes diverses, dont l'immanquable puy de Dôme (altitude 1465 m), loin au nord-est. Le chemin continue confortablement par les crêtes pour passer par le puy de Monne, puis celui de Barbier : de son sommet, on distingue parfaitement le puy de Sancy, plein sud. Un grand replat entre le puy de Barbier et le puy de l'Angle offre un terrain idéal pour installer notre bivouac. Quelques rochers peuvent même servir d'abri contre le vent, si besoin. D'ici, calfeutrés, dans la tente, nous profitons du coucher de soleil en dégustant un bon saint-nectaire.

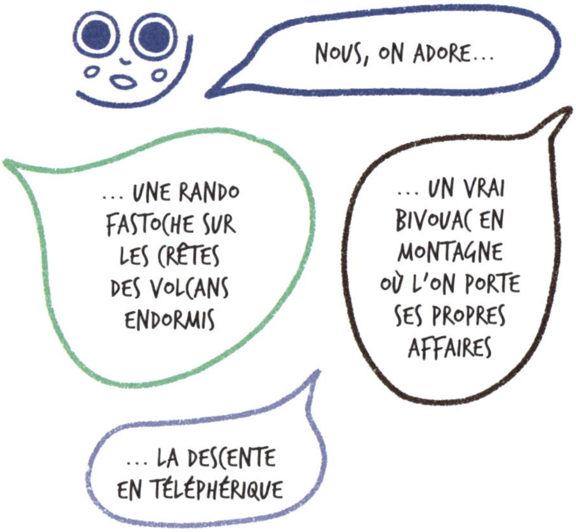

Jour 2

Puy de Barbier → Puy de Sancy

Au petit matin, alors que les parapentistes prennent leur envol des sommets alentour, nous rejoignons en quelques minutes le puy de l'Angle. D'ici, on aperçoit en un coup d'œil tout l'itinéraire du jour, jusqu'au puy de Sancy. Le sentier pique alors vers la D36, à proximité du col de la Croix-Saint-Robert. Là, un court détour (2 km AR, dénivelé + 100 m) mène jusqu'à un fabuleux point de vue sur la Grande Cascade, la plus haute d'Auvergne. De retour au pied du puy de l'Angle, nous reprenons la marche vers le sud, jusqu'au roc de Cuzeau, sacrée proéminence au-dessus de la vallée de la Dordogne, où le fleuve prend sa source. Viennent

DÉPART
Bivouac
au puy de Barbier

DISTANCE
11 km

DÉNIVELÉ
+ 770 m

« Contemplées depuis le sommet, les chutes de la Grande Cascade sont vertigineuses ! »

ensuite les puys des Crebasses et de Cacadogne, puis, après une courte descente, la dernière ascension du jour, menant vers le sommet du puy de Sancy. Son allure alpine tranche avec les autres sommets, le faisant paraître bien plus haut que ses 1885 m. Les derniers 150 m de dénivelé sont difficiles pour les enfants, mais l'effort est récompensé par la conquête du plus haut sommet du Massif central et par le panorama sur les paysages préservés des monts Dore, du plateau du Cézallier et des monts du Cantal. Pour récompenser les enfants, nous regagnons la vallée via le téléphérique du Sancy jusqu'au Mont-Dore, où les vaches salers paissent tranquillement.

Esprit d'aventure

Ralentir, respirer, ressentir... Allez lâcher totalement prise au sylvatorium du Mont-Dore, un parcours d'éveil des sens noyé dans la forêt du Capucin, à 1245 m d'altitude. Pour le rejoindre, empruntez le funiculaire Belle Époque menant au Salon du Capucin.

↓
www.mairie-mont-dore.fr (onglet « Se divertir »).

Initiez-vous à l'escalade et à la via ferrata avec les guides d'Auvergne. La via ferrata du pic du Capucin, cotée « peu difficile », est située à 30 min de marche du Salon du Capucin et se parcourt environ en 1h30 (âge minimum 10 ans). Côté escalade, le Mont-Dore offre 74 voies de 15 à 80 m cotées de 4A à 8A+, de quoi satisfaire toutes les envies et tous les niveaux.

↓
Bureau des Guides d'Auvergne Mont-Dore
07 64 06 34 93
www.bureau-guides-auvergne.fr

INFORMATIONS PRATIQUES

Accès

Le col de la Croix-Morand est à 40 km (50 min) au sud-ouest de Clermont-Ferrand (gare TGV et TER) et à 7 km (10 min) au nord-est du Mont-Dore (liaison avec Clermont-Ferrand par bus uniquement). Si vous laissez votre véhicule au parking du col (gratuit), faites appel à un taxi de la vallée pour le récupérer à la fin du 2d jour.
Taxi du Sancy, Mont-Dore
04 73 21 68 62, www.taxi-du-sancy.fr

Hébergement

Nuit en bivouac au puy de Barbier

Restauration

Le Buron du Col
Col de la Croix-Morand, Chambon-sur-Lac
04 73 22 14 25, www.buronducol.fr

Le Sommet
Station du Mont-Dore, au sommet du téléphérique de Sancy
www.facebook.com/LesommetSancy

CONSEILS

- Si la fatigue se fait sentir chez les enfants le second jour, vous pouvez descendre jusqu'à la station du Mont-Dore par le chemin de la Grande Cascade, puis rejoindre le sommet du puy de Sancy en téléphérique.
- Mieux vaut partir léger pour cette rando-bivouac, car vous devrez porter tout le matériel durant deux jours. Préférez la nourriture lyophilisée pour gagner en place et en légèreté, et emmenez assez d'eau (hydratation, toilette, popotte), car il n'y a pas de source sur l'itinéraire.

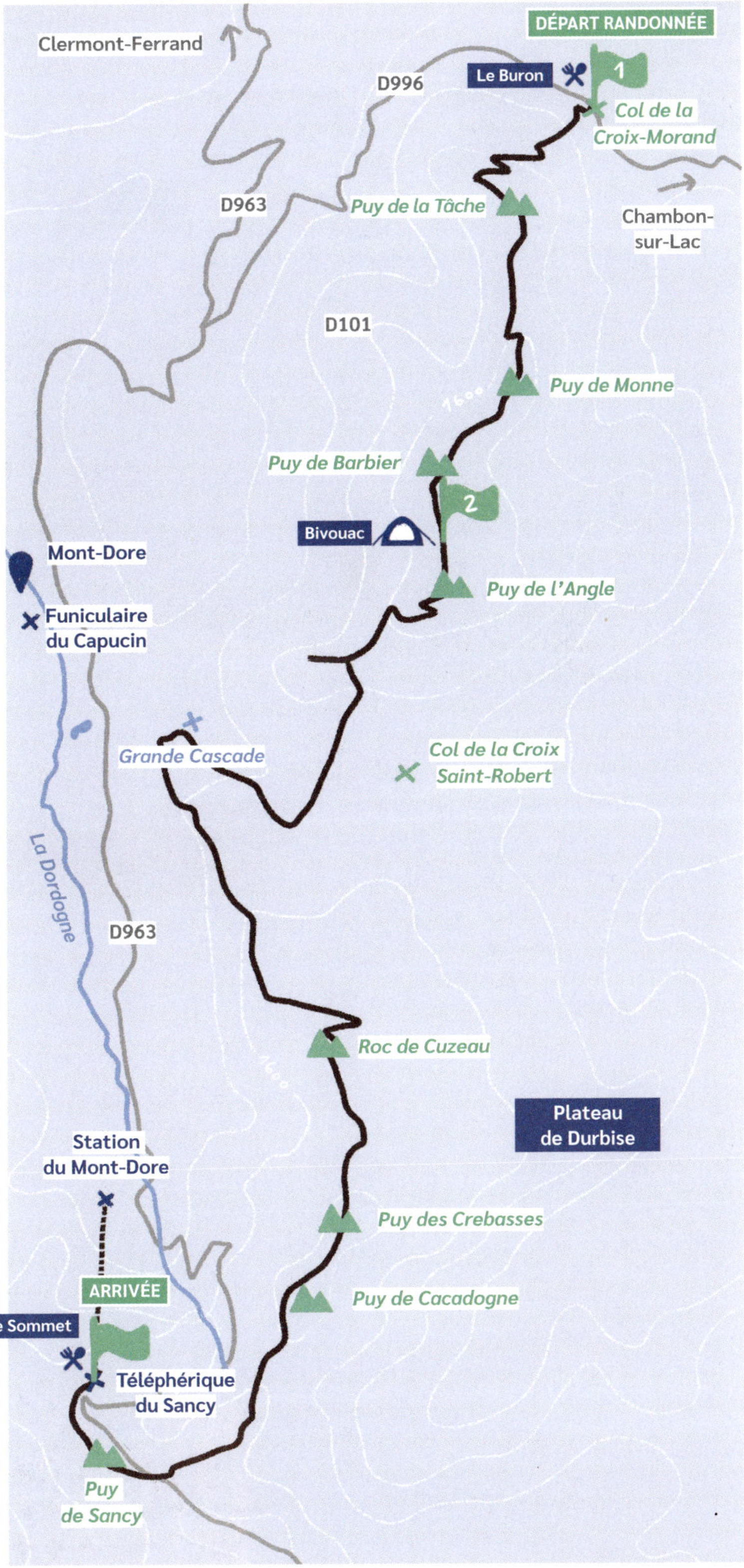

02

Les aventures de Coralie

Marin d'eau douce

CANOË-BIVOUAC SUR LA DORDOGNE

Au fil de ses méandres se dévoilent de hautes falaises dorées par le soleil, des myriades de petites plages et des îlots où côtoyer hérons et martins-pêcheurs. Cette Dordogne intime se découvre aisément en mode canoë. Entre Carennac et Saint-Julien-de-Lampon, par exemple, douceur de vivre assurée : seulement une vingtaine de kilomètres par jour, histoire de laisser la part belle aux baignades… Le camping sauvage étant autorisé tout au long de la rivière, ne reste, le crépuscule venu, qu'à choisir son bout de paradis sur les berges. Programme de la soirée? Regarder les étoiles s'allumer, pardi!

3 jours
À partir de 6 ans

DÉPART
Base Carennac Aventure, îlot Calypso, Carennac

DISTANCE
21 km

DURÉE
Env. 4h

NUIT
Bivouac sous tente

Jour 1

Carennac → Creysse

1

Les courants ont dessiné là quelques îles aux noms cocasses : Grand Bourgnoux, Mézels, etc. C'est sur celle de Calypso, ourlée de verdure, que commence l'aventure. Nous arrivons presque les mains dans les poches, Carennac Aventure louant embarcations, sacs étanches et matériel de bivouac. Vite à l'eau, éclaboussements enthousiastes garantis!

Les canoës glissent sans effort, portés par la rivière. Défilent des vallons brodés de noyers, des herbiers tissés de renoncules aquatiques, que l'on caresse du bout des doigts. Des libellules bleues viennent se poser sur les rames, devenues inutiles. Peu à peu, le décor prend de la noblesse. La Dordogne a ici sculpté son passage dans un plateau calcaire : les rives s'étoffent d'éperons rocheux où faucons pèlerins, hiboux grand duc et martinets alpins ont élu domicile.

Déjà, le ciel se teinte de rose. Une plage bordée de galets ravit les enfants, qui s'adonnent là aux joies du ricochet. Quelques grillades, de grands éclats de rire partagés et chacun se blottit dans son duvet.

DISTANCE
23 km

DURÉE
Env. 4h30

NUIT
Bivouac sous tente

Jour 2
Creysse → Souillac

Nous petit-déjeunons les pieds dans l'eau en observant le ballet des hirondelles, puis nous nous remettons en route, salués ici et là par les pêcheurs. Il faut dire que la Dordogne est l'une des rivières les plus poissonneuses de France : on taquine ici brochets, gardons, anguilles et même lamproies.

Le paysage, majestueux, reste dominé par les falaises creusées de cavités naturelles. Environ 800 m après Belcastel, nous glissons en canoë dans la grotte de Meyraguet pour un moment de pure magie... Sur les parois, les flots font danser en taches lumineuses les rayons du soleil, comme le ferait une boule disco! À la sortie du méandre suivant, sous le château de la Treyne haut perché sur la falaise, nous trouvons d'autres grottes, à explorer à pied cette fois.

Les îlots juste avant Souillac invitent à accoster. Décision unanime : c'est ici, tels des Robinsons, que l'on plantera la tente! Alors que la lumière se fane, la frimousse d'une loutre fait son apparition, fourrure chamois bien lissée, yeux noirs brillant de curiosité. Elles sont nombreuses ces dernières années à avoir recolonisé la vallée de la Dordogne. Rencontre furtive mais inoubliable.

Esprit d'aventure

La vallée de la Dordogne regorge de grottes mystérieuses et de rivières souterraines. Envie d'en découvrir quelques-unes? Tirez les canoës sur la berge et rejoignez les spéléologues de la Compagnie Sports et Nature à la découverte des grottes de Lacave. À la lumière des lampes frontales, les décors de roche n'en sont que plus grandioses...

↓

Compagnie Sports et Nature, Gluges-Martel
05 65 32 27 59,
www.compagnie-sports-nature.com
Avr.-oct.
Aucune difficulté. À partir de 5 ans.

DISTANCE
15 km

DURÉE
Env. 3h

Jour 3

Souillac → Saint-Julien-de-Lampon

La rivière s'étire majestueusement le long de la vallée de Souillac. À chaque méandre son paysage : vergers épanouis, fermes d'élevage de canards, champs de tournesols, prairies folles, etc. Sur ces derniers kilomètres, nous prolongeons autant que possible le plaisir, transformant les îles en terrains de jeux du jour. Ici, les enfants bâtissent un abri de fortune en bois flottant, là, ils élèvent des cairns rocambolesques et des barrages miniatures. Ragaillardis par les pauses baignades, ils n'hésitent plus à escalader et à se lancer dans des plongeons spectaculaires.

À 16h30, enfin, il faut rendre les rames, bien à regret. La prochaine fois, on partira une semaine entière, en alternant canoë et randonnée!

« *Au bord de l'eau, les enfants élèvent des cairns à l'équilibre fragile !* »

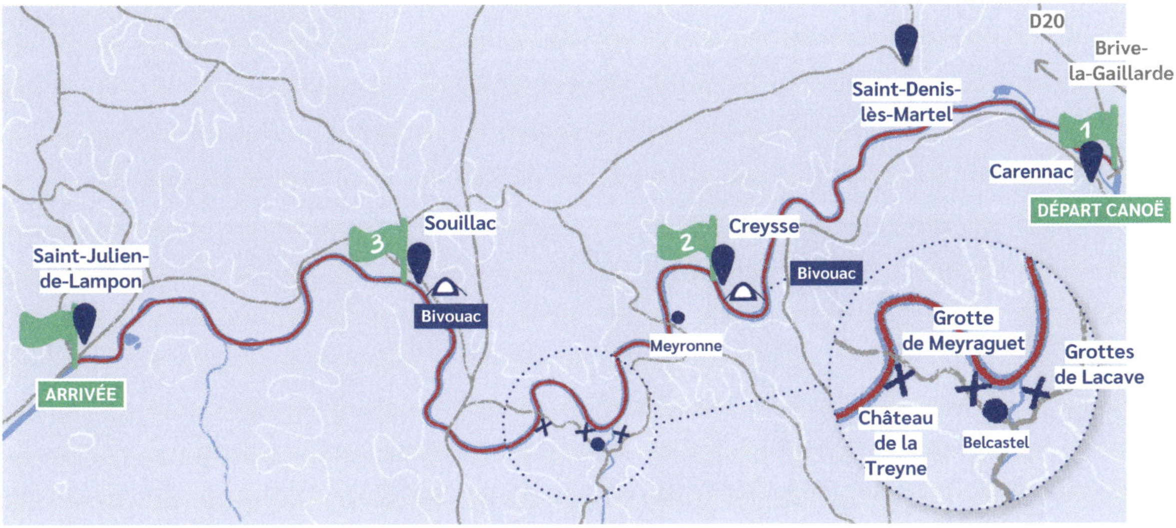

INFORMATIONS PRATIQUES

Accès

Carennac est situé à 50 km au sud de Brive-la-Gaillarde via l'A20 et la D840.
En train : TER jusqu'à Bétaille, puis taxi jusqu'à Carennac (4 km).

Hébergement

Nuits en bivouac sous tente sur les berges de la Dordogne. En plus du kit bivouac fourni par le loueur, prenez des sacs de couchage, et un hamac (à accrocher entre deux noyers à l'heure de la sieste…).

Restauration

Prévoyez des provisions pour trois jours. Le parcours étant jalonné de villages en bord de rivière, vous pourrez toujours vous y approvisionner.

Location d'équipement

Carennac Aventure
Location de canoës 3 j., 69 €/pers. (gilets de sauvetage, conteneurs et sacs étanches).
Kit bivouac : 22 €/pers. (tente, matelas gonflable, kit cuisine, réchaud, lampe frontale, lampe de table, jerrican d'eau, trousse de secours).
Carennac
06 30 87 66 65, www.carennac-aventure.fr
15 avr.-sept.

CONSEILS

- À partir de 6 ans : les enfants doivent pouvoir nager 25 m.
- Équipement : vêtements de sport adaptés, chaussures d'eau ou chaussons Néoprène, crème solaire, répulsif antimoustiques, chapeau ou casquette.
- Le dernier jour, il faut arriver à Saint-Julien-de-Lampon au plus tard à 16h30, heure du départ de la navette du prestataire pour revenir au point de départ, Carennac (45 min ; service inclus).

Au pas de l'âne

QUATRE JOURS D'ITINÉRANCE ET DE BIVOUAC DANS LA VALLÉE DU DOULON

Perchés sur un plateau du parc naturel régional Livradois-Forez, les environs de La Chaise-Dieu offrent une nature préservée et verdoyante. Rien de mieux que de la parcourir au pas d'un âne et de s'endormir chaque nuit sous les étoiles, bercé par le doux clapotis de la rivière... Au fil de petits chemins, découvrez l'Auvergne romane, avec le village de Lavaudieu et son abbaye, mettez-vous dans la peau d'un chevalier au château de Domeyrat, rafraîchissez-vous dans les nombreux ruisseaux, bivouaquez dans les sous-bois, et laissez les enfants nouer des liens avec Grisou, votre nouveau compagnon de route. Un itinéraire de quatre jours pour prendre le temps de déconnecter, ou de se (re)connecter.

4 jours
À partir de 4 ans

DISTANCE
10 km

DÉNIVELÉ
+ 150 m
- 550 m

DURÉE
Env. 3h

NUIT
Bivouac dans le champ de l'Auberge du Doulon

Jour 1

Berbezit → Saint-Didier-sur-Doulon

1

L'idéal est d'arriver la veille du départ au refuge P'tit Âne pour dormir confortablement dans le magnifique corps de ferme et faire connaissance avec les animaux. Le lendemain, dès 9h, après avoir rempli le bât de l'âne, organisé et équilibré le chargement, c'est le moment du départ. Grâce à Grisou, nous emportons le nécessaire pour dormir et manger en pleine nature les quatre jours à venir. Les enfants sont impressionnés sur les premiers kilomètres, la présence d'un animal de cette taille bouleverse leurs habitudes de randonnée. Mais, petit à petit, chacun trouve sa place, les enfants gambadent de nouveau et profitent de la nature. Grisou est

→ IDÉE RECETTE

L'ail des ours est une plante que l'on trouve facilement autour des zones humides ou des rivières. Cette aventure est donc parfaite pour en ramasser ! Ses grandes feuilles sentent fort l'ail quand on les coupe ou les froisse dans sa main. Il remplace avantageusement le basilic pour en faire un pesto qui viendra agrémenter les pâtes lors du bivouac.

PESTO À L'AIL DES OURS

100 g de feuilles d'ail des ours
30 g de pignons de pin ou de poudre d'amande
40 g de parmesan
3 à 5 cuillères à soupe d'huile d'olive (à ajuster selon la consistance)
sel, poivre

1. Lavez les feuilles et retirez les tiges.
2. Coupez-les grossièrement en lanières.
3. Mettez-les dans un mixeur avec le sel, l'huile (commencez par 3 c. à s.) et les pignons/amandes.
4. Mixez par petits coups.
5. Ajoutez le parmesan râpé. La texture doit être un peu pâteuse. Si besoin, ajoutez de l'huile.

aussi d'une aide précieuse quand les jambes sont fatiguées (de 4 à 7 ans), même si cette première étape est facile et à profil descendant. Pour notre premier bivouac, nous nous posons au hameau de Saint-Didier-sur-Doulon, au bord d'un ruisseau qui bercera notre sommeil. Pendant ce temps, Grisou paît tranquillement dans le pré, libéré de nos bagages.

DISTANCE 11 km	**DURÉE** Env. 4h
DÉNIVELÉ + 200m - 400 m	**NUIT** Bivouac au bord de la Senouire

Jour 2

Saint-Didier-sur-Doulon → Lavaudieu

Au petit matin, quand on sort la tête de la tente et qu'on commence à préparer le petit déjeuner, les enfants s'occupent déjà de l'âne. Et c'est avec entrain que l'animal file de nouveau sur les chemins des forêts vallonnées qui nous apportent de la fraîcheur. Le paysage défile paisiblement, nous passons de nombreux hameaux où nous nous arrêtons pour une pause. Les enfants sont enchantés de monter sur l'âne, même si ça ne dure pas longtemps. Il faut dire que ça secoue un peu! À l'entrée de Lavaudieu, une agréable baignade nous attend dans la rivière la Senouire. Et pourquoi pas se lancer dans une bataille d'eau?

Jour 3

Lavaudieu → Paulhaguet

DISTANCE
10 km

DÉNIVELÉ
+ 350 m
- 300 m

DURÉE
Env. 4h

NUIT
Bivouac au bord de la Senouire

Après une nouvelle nuit à observer le ciel sans aucune pollution lumineuse, nous reprenons les chemins en direction de Paulhaguet, en suivant la Senouire. Nous nous arrêtons un moment au pied des ruines du château de Domeyrat, datant du 13e siècle. L'été, on peut assister à des animations et voir des chevaliers jouer de l'épée. Après ces aventures imaginaires et cette randonnée, elle, bien réelle, une bonne nuit n'est pas de refus. Nous bivouaquons 1 km avant le village de Paulhaguet pour rester en pleine nature, profiter encore de la rivière et des mûriers sauvages qui régalent les enfants.

DISTANCE
19 km

DÉNIVELÉ
+ 700 m
- 200 m

DURÉE
Env. 5h

Jour 4

Paulhaguet → Berbezit

Le quatrième jour est une longue étape de 19 km qui nous ramène dans les vastes forêts du plateau de La Chaise-Dieu. Grisou est toujours d'attaque mais semble pressé de rentrer à la maison. Les enfants passent de plus en plus de temps sur lui et se sentent en confiance, ce qui leur permet de se reposer de temps à autre. Passé le col de Montclard et d'innombrables ruisseaux, nous arrivons à l'étang de Berbezit, qui marque la fin du périple. C'est avec tristesse que les petits se séparent de leur âne préféré, mais ils sont heureux d'avoir vécu cette belle aventure, isolés de tout.

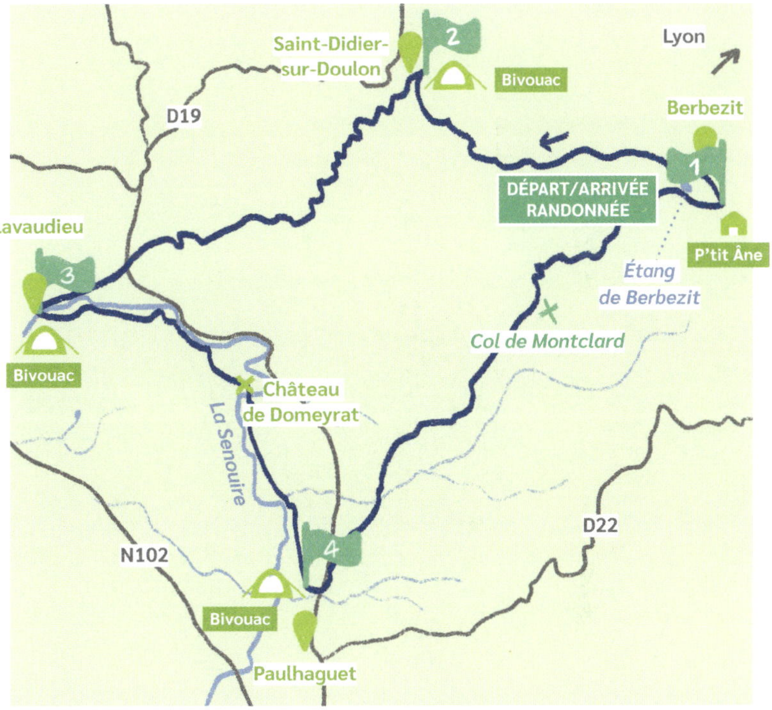

INFORMATIONS PRATIQUES

Accès

Berbezit est situé à 90 km au sud de Clermont-Ferrand et 100 km à l'ouest de Saint-Étienne, via Craponne-sur-Arzon.

Prestataire

P'tit Âne
Berbezit
04 71 00 09 22,
www.ptitane43.wix.com/ptitane43

Bivouac
Les spots de bivouac seront donnés par l'ânier qui a négocié avec les propriétaires pour laisser l'âne sur leur terrain la nuit, et vous y installer.

CONSEILS

- L'âne porte au maximum 50 kg; attention avec le matériel de camping et l'eau, on y est vite! Seuls les enfants de 4 à 7 ans peuvent être portés par l'animal. Randonner avec un âne est une expérience unique pour les enfants, mais il faut leur apprendre à se comporter avec l'animal en restant calmes. Voir nos conseils pour randonner avec un âne et prendre soin de lui, page suivante.
- Pour trouver des expériences similaires partout en France : www.ane-et-rando.com

Randonner avec un âne

Voici quelques conseils pour profiter pleinement d'une aventure avec un âne, vous préparer et prendre soin de l'animal. Avant tout, soyez attentif aux indications données par l'ânier.

LA CONDUITE DE L'ÂNE

Un âne marche d'un pas sûr entre 3 à 4 km/h en portant vos bagages et votre enfant, de 4 à 7 ans, sous votre responsabilité.

En chemin, tenez-le en longe et marchez devant lui. Il est normalement habitué, mais ne le laissez pas glaner tout au long du parcours, sinon la randonnée pourrait être plus longue que prévu. L'âne est coopératif mais astucieux, il faut faire preuve d'autorité, mais avec tendresse, dès le départ.

Un âne s'aborde en douceur, car il n'aime pas être surpris. Parlez-lui pour le prévenir et approchez-le de côté, vers son épaule. Il peut en effet être assoupi et risque de réagir fortement à la surprise de votre présence dans son champ de vision. Une main tendue brusquement vers sa tête peut lui faire peur.

S'IL VOUS ÉCHAPPE

Notez qu'un âne se pousse, ne tirez donc pas sur la longe, agitez plutôt une branche derrière lui pour le faire avancer. Ne courez pas non plus après lui, vous lui donneriez une bonne raison de fuir. S'il s'enfuit, contournez-le pour lui bloquer la route ou, mieux, appelez-le, sans crier, en agitant un seau rempli de gravillons qu'il prendra pour des granulés. Vous pouvez aussi froisser un sac plastique ; peu d'ânes y résistent, croyant que le sac contient des friandises.

Pour trouver des ânes partout en France : www.ane-et-rando.com

LE PORTAGE

Le bât, posé sur le dos de l'âne, sert à fixer la charge. Il peut porter les bagages de deux ou trois personnes, soit environ 40 kg, et un enfant. Attention à ne pas dépasser 50 kg en tout ! Le matériel est fourni par l'ânier : un bât en bois, un licol et une longe, des sacoches et une clôture pour le bivouac.

Pour charger le bât, posez-le sur l'âne et réglez le sanglage. Puis, préparez les sacoches et mettez-les de chaque côté du bât en veillant à équilibrer le poids. Attention à ne pas placer des objets durs ou pointus contre ses flancs. Comme en randonnée classique, mieux vaut partir léger !

LES SOINS

Avant le départ, l'ânier vous apprendra comment vous occuper de votre compagnon de route : l'étriller, le brosser, lui curer les sabots. Vous partirez avec tout le nécessaire ainsi que de la pommade cicatrisante et du répulsif à insectes.

Les ânes sont rustiques, ils trouveront toujours de quoi manger pour être en forme. Il suffit de choisir intelligemment les lieux de pause pour ne pas vous charger en nourriture.

LA NUIT

L'ânier vous fournira une longue corde, une clôture et vous informera des spots précis pour bivouaquer sereinement avec votre âne. Une fois arrivé sur votre site pour la nuit, il faut installer l'enclos et attacher l'âne avec la corde à un point fixe. Il faudra alors le décharger, le débâter, le brosser scrupuleusement pour vérifier l'absence de blessure, nettoyer ses sabots... Ce moment est très apprécié par votre compagnon et crée une certaine complicité, notamment avec les enfants.

La tente et la pagaie

CANOË ET BIVOUAC SUR LA LOIRE SAUVAGE

En ouvrant notre vieille carte de France usée pour planifier un week-end en cette fin du mois d'août, nous jetons notre dévolu sur la Haute-Loire, cela fait quelque temps que cette région nous fait de l'œil. Car tout le monde connaît la Loire des châteaux mais moins le fleuve sauvage, qui coule plus vigoureusement quelques dizaines de kilomètres après sa source. Une Loire plus sinueuse, qui chemine entre des gorges de toute beauté et le long d'une zone Natura 2000. Voilà qui fleure bon l'aventure. Et c'est en canoë, chargés de notre matériel de bivouac, que nous découvrons ce petit coin d'Auvergne.

2 jours
À partir de **6** ans

DÉPART
Pont de Confolent

DISTANCE
6,8 km

DURÉE
Env. 2h, niveau classe 2 (débutant)

NUIT
Bivouac sous tente

Jour 1

Confolent → Bas-en-Basset

La base de canoë nous a composé un itinéraire de deux jours, accessible aux familles, où il sera facile de poser la tente après une journée de rame. Le combo parfait. Nous rejoignons Bas-en-Basset au petit matin et embarquons à 10h au pont de Confolent, déposés par Yvan, le gérant passionné par sa rivière, pour cette première partie variée et dynamique, et sans difficultés ni danger. Nos mains effleurent l'eau sur les premiers mètres de la descente comme pour saluer la rivière. Les baignades seront rafraîchissantes et idéales en cette période de forte chaleur. Quelques

Esprit d'aventure

Partez à la découverte des plantes comestibles en bord de rivière, faciles à reconnaître et idéales pour agrémenter le pique-nique : consoude officinale, chénopode blanc, etc. Tester la saponaire, dont on utilise les fleurs pour se laver les mains, en les frottant dans l'eau. Rien de mieux pour motiver les enfants! Faites-vous accompagner par un guide nature : découvrir les plantes et les manières de les cuisiner sur place ou chez soi a été, pour les enfants comme pour les adultes, un coup de cœur!

↓

Le Goût du Sauvage. Charlie Braesch, guide nature et plantes sauvages : 07 82 27 31 82 www.legoutdusauvage.com

→ IDÉE RECETTE

Entre mai et juillet, c'est la période de la floraison des fleurs de sureau noir. C'est joli, mais cela fait aussi un bon nectar pour se désaltérer avec de l'eau, ou au fond d'un verre de prosecco pour les parents. Le sureau noir pousse au bord des chemins ou des rivières. Ouvrez l'œil : il est facile à trouver, ses fleurs sont d'un blanc immaculé !

POUR ½ LITRE DE SIROP DE SUREAU

7 grappes de fleurs de sureau noir
1 citron
500 g de sucre
600 ml d'eau

1. Choisir les plus belles grappes de fleurs, celles qui ont le plus de pollen.
2. Vérifier qu'il n'y a pas trop de petits habitants dans les grappes et détacher les fleurs en laissant le moins possible de tiges, qui donneraient un mauvais goût.
3. Les mettre à macérer dans un saladier 24h, avec le citron coupé en rondelles et l'eau. Couvrir d'un linge.
4. Après macération, filtrer et écraser un peu les fleurs pour récupérer le plus possible de liquide.
5. Mettre le liquide et le sucre dans une casserole et porter à ébullition jusqu'à l'obtention d'une texture sirupeuse (normalement autour de 15 min).
6. Verser dans une bouteille à conserver au frais.

petits rapides faciles pimentent la descente et en font le moment le plus attendu par les enfants, qui crient et rient, les bras en l'air, à chaque secousse!

On serpente ici dans des gorges où le bruit et le monde disparaissent et où l'on ressent vraiment le caractère sauvage du fleuve. Après le pique-nique, l'après-midi coule comme le courant, et il est vite l'heure d'accoster pour installer le campement. Une petite plage en bord de rivière, isolée et pourtant à deux pas de la base de canoë, nous accueille pour la nuit. Nous montons la tente pendant que les enfants, infatigables, fabriquent un barrage avec des pierres. Le dîner est lancé sur le réchaud, qui requinquera nos corps fatigués, avant un repos bien mérité...

DÉPART
Bivouac

DISTANCE
14,5 km

DURÉE
Env. 4h

Jour 2

Bas-en-Basset → Aurec-sur-Loire

Le second jour est plus long, et le cours d'eau plus calme, ce qui nécessite d'avoir des parents qui pagaient un peu plus! Les paysages s'ouvrent plus largement que la veille aussi, comme pour dévoiler tout le potentiel de ce coin de paradis. Nous avons malgré tout notre lot de sensations sur des rapides juste avant le village de Mayol, un peu plus « costauds », que nous passons à pied. La journée se poursuit en alternant navigation, pauses d'initiation à la pêche, baignades et sauts depuis des blocs lissés par le courant. Dernière surprise, une couleuvre vipérine, inoffensive, se faufile sous le canoë avec un poisson dans la gueule... Elle sera une meilleure pêcheuse que nous!

L'arrivée à Aurec-sur-Loire se fait sur un long plat tranquille qui nous fait revenir progressivement à la vie urbaine, mais avec le sourire, heureux et épuisés par cette escapade. Yvan est là pour nous accueillir, charger les embarcations et nous ramener à la base de canoë. L'accueil, la nature, tout était aligné pour un week-end réussi... Et si nous revenions par ici pour faire du vélo?

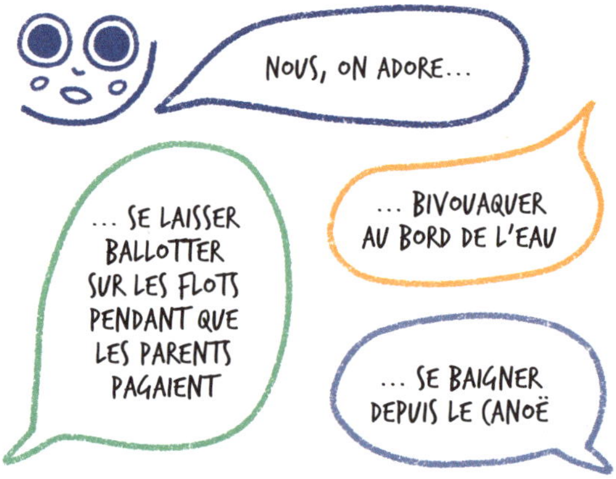

INFORMATIONS PRATIQUES

Accès

Bas-en-Basset est situé à 40 km au sud-ouest de Saint-Étienne. Descendre vers Monistrol-sur-Loire sur la N88, pour rejoindre par la D12 Bas-en-Basset, où se trouve la base de location de canoës. En car, la ligne 28 relie Saint-Étienne à Bas-en-Basset en 1h.

Hébergements

Au Fil de l'Ance
Chambres d'hôte
et hébergements insolites
Le Theil, Beauzac
06 24 77 26 02,
www.aufildelance.fr

Les Chantignoles
Chambre d'hôte et gîte
Lieu-dit les Mazeaux,
La Séauve-sur-Semène
06 32 53 18 26, 06 86 22 67 39,
www.leschantignoles.fr

Location d'équipement

Canoë Nature Loisirs
Location de canoë
Bas-en-Basset
06 82 28 81 91,
canoe-bas-en-basset.e-monsite.com

CONSEILS

• L'avantage de cet itinéraire, c'est que le bivouac peut se faire à proximité de la base de canoë. Ainsi, vous n'avez pas à emporter tout le matériel sur le canoë, car votre voiture ne sera pas loin. Si vous préférez un coin plus sauvage en bord de Loire, il vous faudra charger les bidons et voyager léger !

• Vous serez en autonomie pour deux déjeuners, un petit déjeuner et un dîner. Il est possible de demander en amont à la base de faire livrer par un traiteur des repas à embarquer sur le canoë.

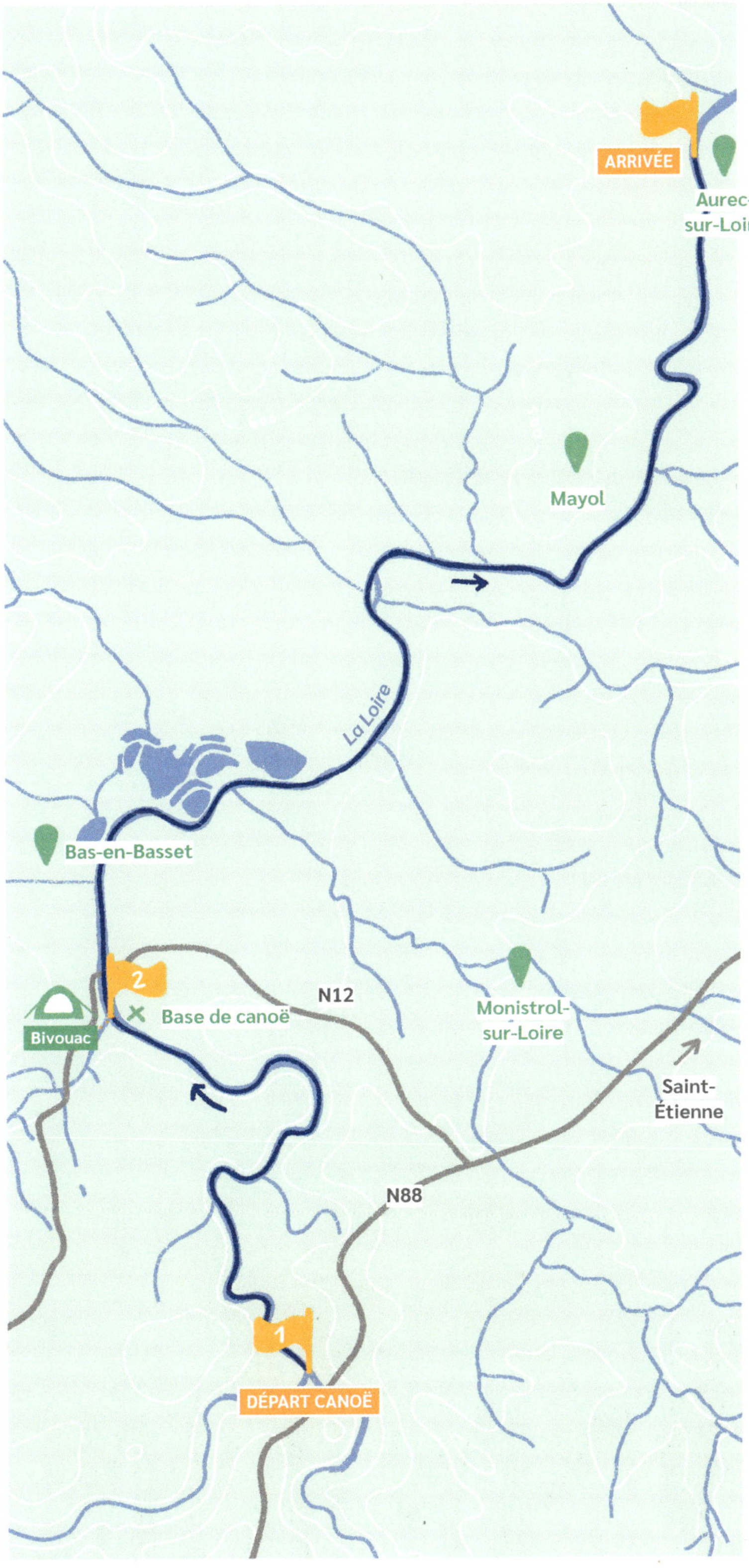

05

Les aventures de Thibault

Entre les volcans

ITINÉRANCE À VÉLO SUR LA VIA FLUVIA, ENTRE LOIRE ET RHÔNE

La Via Fluvia est une véloroute aménagée sur une voie ferrée où circulait, au début du 20e siècle, un train à vapeur que l'on surnommait « la Galoche »; car c'est chaussés de galoches, ou de sabots, que les paysans de la région l'empruntaient alors pour aller en ville! Reliant Loire et Rhône, la Via Fluvia serpente entre les sucs, ces petits volcans endormis du Velay qui donnent au paysage de douces formes arrondies. Pour l'adapter au rythme des enfants, nous la parcourons entre Lavoûte-sur-Loire et Riotord. Si vous aimez les beaux panoramas, c'est bien là qu'il faut se rendre : levez la tête du guidon! Cet itinéraire assez court permet de multiplier les pauses. Les enfants autonomes seront à leur aise sur ce chemin protégé, et les plus petits se laisseront porter dans la remorque…

3 jours
À partir de 8 ans

DISTANCE
27 km

DÉNIVELÉ
+ 610 m
- 280 m

DURÉE
Env. 3h

NUIT
Camping de Choumouroux

Jour 1

Lavoûte-sur-Loire → Yssingeaux

1

Après avoir visité le château de Lavoûte-Polignac, ceint par un bras de la Loire, nous prenons la Via Fluvia en direction de Beaulieu. Peu après Rosières, nous déposons les vélos pour aller voir de plus près le ravin de Corbœuf, un canyon argileux d'environ 40 millions d'années dont les couleurs et les formes lui valent le nom de « Colorado auvergnat ». Puis, après avoir passé les gorges par un viaduc (photogénique), nous prenons la direction du moulin du Pinard, un moulin à blé du 19e siècle que son propriétaire fait visiter avec plaisir. À l'arrivée sur Yssingeaux, la montée au camping est courte mais fatigante... rares sont ceux qui n'ont pas poussé les vélos! Après tant d'efforts, rien de tel que de s'offrir un dîner au restaurant Chez ElleS, pour sa cuisine de saison.

ON PREND DE LA HAUTEUR!

DISTANCE	DURÉE
32 km	Env. 3h
DÉNIVELÉ	**NUIT**
+ 270 m - 250 m	La Ferme de Vovady

Jour 2

Yssingeaux → Raucoules

Sur les premiers kilomètres de la journée, la véloroute traverse la rivière du Lignon du Velay, où l'on peut se baigner à l'ombre des forêts de pins. On prend les ponts de l'Enceinte et de la Sainte, qui donnent un point de vue unique sur les sucs. En chemin, nous passons par Grazac et Lapte, où il faut admirer la vue du haut du clocher. Le détour original du jour se fera au lac de Lavalette. Pour y accéder, une belle descente (qu'il faudra remonter) via Montjuvin. Une fois arrivé sur les rives du lac, on peut se baigner (ce n'est jamais trop, surtout en randonnée!), faire du paddle ou aller voir l'impressionnant barrage. En suivant de nouveau la Via Fluvia, nous arrivons rapidement à Raucoules, d'où part le train à vapeur

DE BELLES RENCONTRES À LA FERME

du Velay Express, dont les courbes serrées donnent des frissons même à 25 km/h. Le camping du soir, situé en pleine nature et au bord d'un étang, est celui d'une ferme où sont proposés des balades à poney, des logements insolites (testez le sauna avec vue sur l'étang) ainsi que des repas à base de produits frais et locaux. Idéal pour se ressourcer en famille.

DISTANCE
19 km

DÉNIVELÉ
+ 270 m
- 315 m

DURÉE
Env. 2h

Jour 3

Raucoules → Riotord

Pour cette dernière étape, la véloroute file encore en pleine nature et l'on fait de brèves incursions dans les villages. Il ne faut pas manquer le Sentier pieds-nus à Montfaucon-en-Velay, petit parcours sensoriel à faire sans chaussures, donc… voilà qui plaît forcément aux enfants. Pour le repas du midi, direction le restaurant Les Platanes pour sa cuisine du terroir. La Via Fluvia descend ensuite agréablement vers Dunières, où un vélorail ravira ceux qui n'en ont pas marre de pédaler. Nous arrivons enfin à Riotord, où la piste cyclable sécurisée prend fin. De là, vous pourrez attendre la navette La Malle Postale (réservation conseillée) qui vous ramènera au point de départ. Le temps de débriefer de cette belle aventure qui fait alterner quelques moments d'effort (parfois, ça monte!) et beaucoup de pauses ludiques au cœur de l'Auvergne.

Esprit d'aventure

Profitez de ce séjour pour descendre une partie de la Loire en canoë pendant une journée. Une initiation solide, suivie d'une descente tonique de 15 km sur le fleuve, vous fera apprécier les paysages d'un point de vue différent!

↓

École de pagaie du Velay
Vorey
06 79 37 69 90, www.velay-eaux-vives.fr

↓

INFORMATIONS PRATIQUES

Accès

Lavoûte-sur-Loire se situe à env. 20 km au nord du Puy-en-Velay, sur la D103.
En car : ligne H31 entre le Puy-en-Velay et Lavoûte-sur-Loire

Hébergements et restauration

Camping de Choumouroux
Yssingeaux
04 71 65 53 44, 06 77 26 27 29

Restaurant Chez ElleS
Yssingeaux
04 71 59 55 03

La Ferme de Vovady
Camping et restaurant.
Lieu-dit Le Marin, Montregard
06 24 85 93 43,
www.fermedevovady.fr

Restaurant Les Platanes
Montfaucon-en-Velay
04 71 59 92 44, 06 18 35 41 71,
www.lesplatanes.eu

Location d'équipement

Tous les prestataires sont listés sur www.viafluvia.fr

↓

CONSEILS

• Pour éviter une organisation complexe avec les voitures, nous vous conseillons d'opter pour la solution de La Malle Postale, une navette qui ramènera toute la famille et les vélos jusqu'au point de départ.
La Malle Postale
04 71 04 21 79,
www.lamallepostale.com

• Avec les nombreux arrêts en route, les trajets prennent la journée en partant vers 10h et en arrivant vers 17h.

• Pour plus d'informations sur la Via Fluvia : www.viafluvia.fr

06

Les aventures de Thibault

L'Allier à contre-courant

DE VICHY À LANGEAC, À BICYCLETTE SUR LA VÉLOROUTE DE L'AUVERGNE

La véloroute de l'Auvergne débute officiellement à Nevers, lieu de confluence de l'Allier et de la Loire. Nous nous élançons en famille sur un tronçon plus court, de Vichy à Langeac, le long de la route migratoire des saumons atlantiques, qui viennent se reproduire ici, à plus de 1000 kilomètres de l'océan. Des rives tranquilles de Vichy aux vignobles et bocage du Bourbonnais, l'itinéraire égrène ses villages de caractère, déroule les paysages volcaniques de l'Auvergne jusqu'aux gorges de l'Allier, à Langeac. Cinq jours de vélo accessibles, mais avec un final plus sportif, ponctués de baignades, d'excursions en canoë et de nuits sous la tente.

5 jours
À partir de 10 ans

DISTANCE
27 km

DÉNIVELÉ
+ 130 m

DURÉE
Env. 2h

NUIT
Camping de la Dore

Jour 1

Vichy → Puy-Guillaume

Vichy. Ses eaux bienfaisantes, ses bains chics, son casino, ses pastilles aux vertus digestives et… sa turbulente rivière, bien sûr! Ici, l'Allier, dompté par les quais, prend des airs d'élégante avenue. Nous suivons sa rive droite vers le sud, laissant derrière la Rotonde, la plage des Célestins et les guinguettes campées à l'ombre… Cette première étape, courte et presque sans dénivelé, est idéale pour se mettre en jambes. Et les prétextes pour faire des pauses sont légion, à commencer par le château de Randan : ses ruines et son parc sont si romantiques! Si « ça va fort… très fort », arrêtez-vous, comme nous, à Saint-Yorre, pour déguster son eau minérale. À Châteldon la médiévale, tapie au pied des monts du Livradois, un peu à l'écart de l'itinéraire, comme Louis XIV nous goûtons l'autre célèbre eau à bulles de la région!

Pour rallier Puy-Guillaume, il faut quitter l'Allier et rejoindre en deux coups de pédale la Dore, où nous plongeons avant de monter notre campement.

LES EAUX VIVES DE L'ALLIER REGORGENT DE SAUMONS ATLANTIQUES

DISTANCE	DURÉE
45 km	Env. 4h
DÉNIVELÉ	**NUIT**
+ 376 m	Camping La Font de Bleix

Jour 2

Puy-Guillaume → Les Martres-de-Veyre

Cette deuxième étape nous mène à travers les terres agricoles de la plaine de Limagne. Au-delà des champs de tournesols et de blés blonds piqués de coquelicots, comme enroulé dans un mince manteau végétal, l'Allier, nonchalant, creuse le paysage de ses larges boucles. Au loin, à l'ouest, par-dessus Riom et Clermont-Ferrand, on aperçoit déjà les contreforts de la chaîne des Puys.

À Cournon-d'Auvergne, notre aventure cycliste prend un tour différent. La tentation de voir la rivière de plus près et de glisser sur l'eau à la force de la pagaie est trop forte : nous rallions Pont-du-Château en canoë en deux petites heures.

De retour à Cournon (dépose par le loueur de canoës), nous reprenons la route à vélo, marquant une nouvelle pause dans le parc écologique de l'Écopôle du Val d'Allier pour une balade entre roselières, mares, étangs et prairies à la découverte d'une incroyable faune d'amphibiens, de libellules, d'oiseaux…

DISTANCE	DURÉE
33 km	Env. 3h
DÉNIVELÉ	**NUIT**
+ 566 m	Camping Les Loges

Jour 3

Les Martres-de-Veyre
→ Nonette-Orsonnette

Pendant la troisième journée, les parents pourront faire quelques arrêts dans les vignobles des côtes-d'auvergne, qui bordent le parc naturel régional Livradois-Forez. On entre alors dans le pays d'Issoire, collé au massif volcanique du Cézallier tout en courbes et rondeurs et son dénivelé qui commence à s'affirmer. L'arrivée à Nonette-Orsonnette est marquée au sud par un dyke volcanique qui s'élève à 578 m d'altitude : il surplombe le val d'Allier et offre une magnifique vue panoramique sur les monts Dore et le Livradois-Forez. Après avoir goûté les excellentes galettes du Café de la Place Martine, la fin de journée peut se passer au camping, installé en bord de rivière, histoire de profiter d'une dernière baignade sauvage avant d'aller reprendre des forces dans le nid douillet de la tente.

DISTANCE
54 km

DÉNIVELÉ
+ 700 m

DURÉE
Env. 5h

NUIT
Camping municipal de Lavoûte-Chilhac

Jour 4

Nonette-Orsonnette
→ Lavoûte-Chilhac

4

Comme la précédente, cette étape de 54 km, la plus longue de notre périple, est marquée par un relief accidenté. Nous avons moins de temps pour flâner en bord de rivière, mais, tous, nous apprécions ces paysages vallonnés, ces reliefs volcaniques anciens où se perchent de jolis villages de caractère.

Voilà Brioude, et sa vieille ville pittoresque, dominée par le joyau de la basilique Saint-Julien, une étonnante église romane auvergnate… mâtinée d'influences byzantines, oui! Ses petites échoppes en font une étape idéale pour se concocter un pique-nique royal! C'est la règle d'or de l'itinérance à vélo : il faut bien nourrir le cycliste, surtout les plus jeunes! Saint-Ilpize s'avance vers nous avec son château fort, perché sur un éperon rocheux au-dessus de la rivière, qui semble encore guetter l'ennemi! Puis, à quelques tours de roue, c'est enfin Lavoûte-Chilhac, l'escale du jour. Ce petit village de pierre, serré autour de son pont médiéval à plus de 400 m d'altitude, est un vrai baume anticourbatures…

Esprit d'aventure

Profitez d'une étape plus courte ou d'une pause d'une journée pour partir en canoë ou en paddle sur l'Allier : les loueurs sont nombreux au fil du parcours.

↓
Vichy Paddle
Bellerive-sur-Allier
07 81 77 11 54,
www.vichypaddle.com

Auvergne Loisirs
Pont-du-Château
06 87 10 87 68,
www.auvergneloisirs.com

COB canoë-kayak
La Bageasse, Brioude
04 71 50 43 82,
canoe-brioude.e-monsite.com

Jour 5

Lavoûte-Chilhac → Langeac

5

Le matin du dernier jour, nous profitons de la rivière et de la plage de Lavoûte. Au pied du prieuré, le lieu est calme et reposant. Cette étape, la plus courte du voyage, offre plein d'opportunités pour profiter à fond de cette rivière magique qui nous accompagne depuis près de 150 km. Le voyage à vélo s'achève à Langeac, à 720 m d'altitude, en plein cœur des gorges de l'Allier. Rien ne vous empêche d'aller voir plus loin, cette fois à bord du train touristique des gorges dont le tracé, ponctué de viaducs vertigineux, épouse au plus près la rivière, dans un somptueux décor de gorges encaissées (www.train-gorges-allier.com, juil.-août).

DISTANCE
14 km
DÉNIVELÉ
+ 200 m
DURÉE
Env. 1h

INFORMATIONS PRATIQUES

Accès

En train : gare de Vichy (Intercités, TER).

En voiture : Vichy est à environ 70 km de Clermont-Ferrand via l'A71 et l'A719, et à environ 160 km de Lyon via l'A89 ou la N7.

Retour : de Langeac, TER jusqu'à Clermont-Ferrand, puis train Intercités jusqu'à Vichy (env. 2h). Transport des vélos : réservation nécessaire dans les trains Intercités.

Itinéraire

Cet itinéraire suit le tracé de la Via Allier (V70) sauf entre Mur-sur-Allier et Auzat-la-Combelle afin de passer au plus près des campings.
Préparez un itinéraire qui vous correspond directement à partir du site de la Via Allier.
www.via-allier.com
Distance totale : 167 km
Dénivelé total : 900 m de dénivelé

Hébergements

Camping de la Dore
Puy-Guillaume
04 73 94 78 51

Camping La Font de Bleix
Camping simple et convivial au bord de l'Allier. Également mobiles-homes et chalets.
Les Martres-de-Veyre
04 73 40 08 61, www.camping-resto-veyre-cournon.fr

Camping Les Loges
Camping familial et chaleureux. Piscine et animations en été.
Nonette-Orsonnette
04 73 71 65 82, www.lesloges.com

Camping municipal Lavoûte-Chilhac
Petit camping au bord de l'Allier, avec plage de galets et départ canoë.
Lavoûte-Chilhac
04 71 77 48 03, www.lavoute-chilhac.com

Restauration

Café de la Place Martine
Nonette-Orsonnette
04 73 54 44 04. Pâques-11 nov., jeu.-mar. 10h-21h.

Location de vélos

Gaillardin
Vélos classiques et VTT.
Vichy
04 70 31 52 86, gaillardinsarl@free.fr

Ouibike
Location et livraison sur le lieu de votre choix de vélos classiques, VTT et vélos à assistance mais aussi d'accessoires (remorques et sièges enfant, sacoches, etc.).
www.ouibike.net

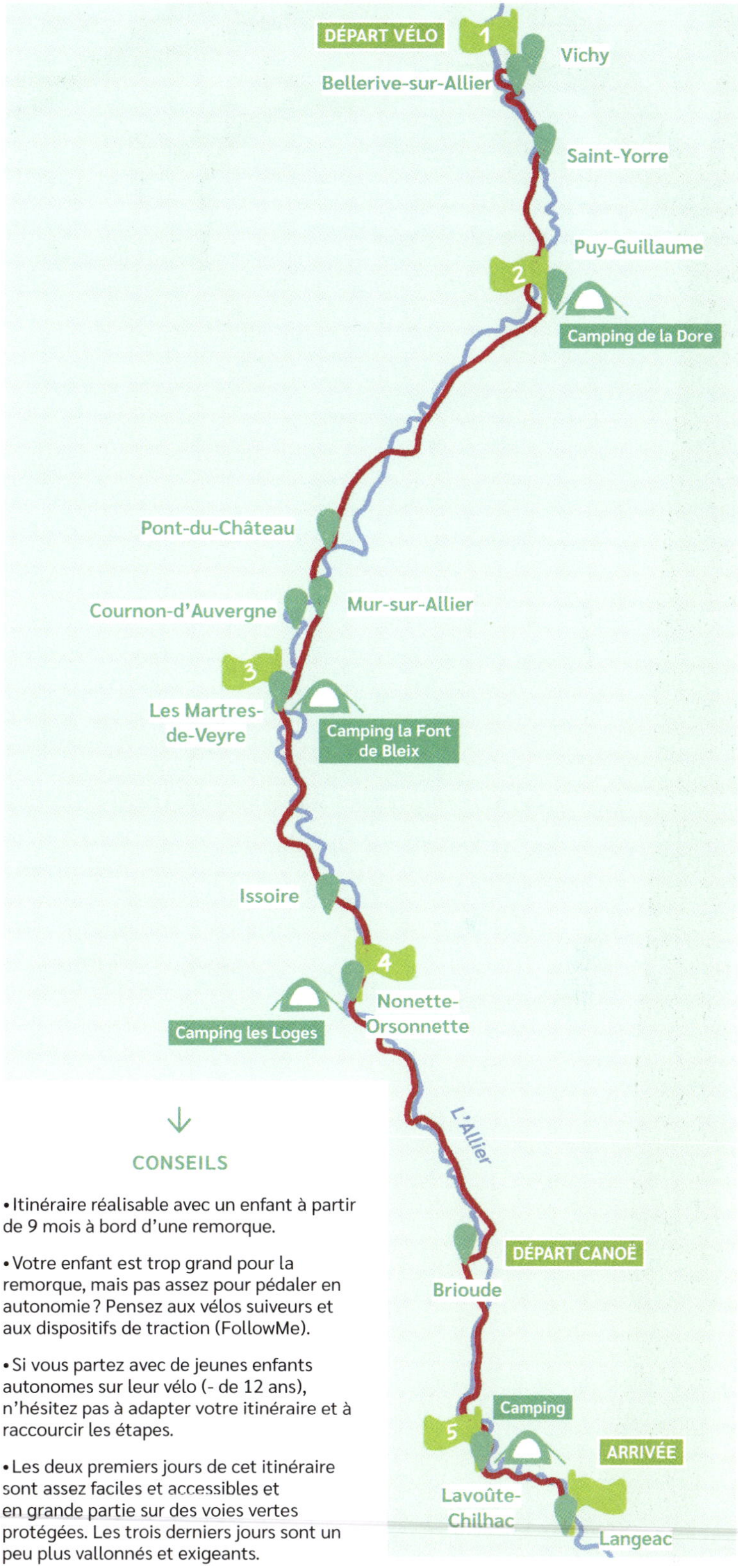

CONSEILS

- Itinéraire réalisable avec un enfant à partir de 9 mois à bord d'une remorque.
- Votre enfant est trop grand pour la remorque, mais pas assez pour pédaler en autonomie ? Pensez aux vélos suiveurs et aux dispositifs de traction (FollowMe).
- Si vous partez avec de jeunes enfants autonomes sur leur vélo (- de 12 ans), n'hésitez pas à adapter votre itinéraire et à raccourcir les étapes.
- Les deux premiers jours de cet itinéraire sont assez faciles et accessibles et en grande partie sur des voies vertes protégées. Les trois derniers jours sont un peu plus vallonnés et exigeants.

Comme dans le Grand Nord

EXPLORATIONS HIVERNALES SUR LE PLATEAU DE RETORD

Perché à 1000 mètres d'altitude, dans la partie sud du Jura, le plateau de Retord est un territoire encore préservé, un havre de tranquillité qui permet de s'échapper des grands axes urbanisés, pourtant proches. L'hiver, on aime à explorer ses grands espaces enneigés où se cachent des lynx… Le tout avec vue sur la chaîne du Mont-Blanc! Pour parfaire ce tableau « Grand Nord », nous embarquons nos aventuriers en herbe pour une balade en traîneau à chiens, puis en exploration avec un guide pour découvrir comment survivre l'hiver dans la nature.

2 jours
À partir de 5 ans

DÉPART	NUIT
Chalet de Cuvery	Le Catray
DURÉE	
Demi-journée	

Jour 1 Traîneau à chiens

Boucle au départ du col de Cuvery

C'est au col de Cuvery que commence l'aventure, avec la rencontre des chiens et de leur musher qui mèneront le convoi. Les hurlements des premiers font déjà penser aux grands espaces et évoquent ceux des loups, qui auraient élu domicile ici depuis quelques années. Nous partons le long des pistes de ski de fond, à toute allure dans la neige fraîche tombée la veille. Il faudra bien quelques dizaines de minutes aux parents et aux enfants (à partir

C'EST PARTI !

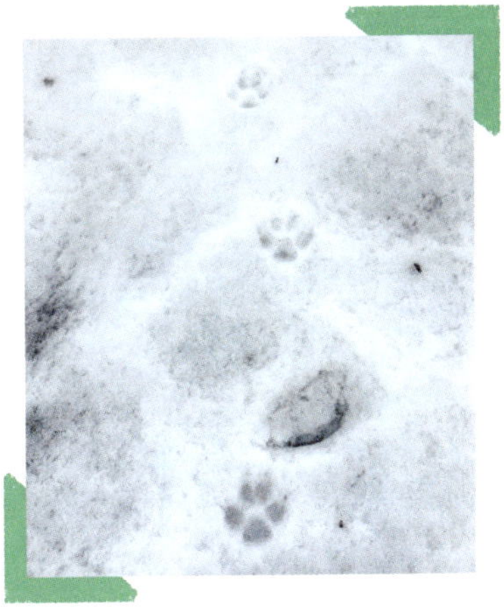

de 10 ans) pour maîtriser le traîneau. Quant aux plus petits, c'est confortablement assis dans celui du musher qu'ils profiteront de l'escapade. Nous nous arrêterons en pleine forêt pour faire un feu dans la neige et préparer un thé pour nous réchauffer. Le silence et la tranquillité de cette forêt en font un refuge pour le lynx, qui y est lui aussi revenu récemment. Nous apercevrons ses traces laissées dans la neige, mais pas son auteur... Une fois les adieux faits aux chiens, nous rejoignons notre hébergement, Le Catray, qui nous ouvre son kota finlandais, petit chalet équipé d'une cheminée centrale pour faire griller la viande! Nous dormirons dans le chalet attenant.

DÉPART
Chapelle de Retord

DURÉE
Journée
ou demi-journée

Jour 2 Exploration

Autour de la chapelle de Retord

Le réveil face au mont Blanc est un bonheur. Pour cette seconde journée, nous allons prendre le temps d'explorer le plateau à pied et en raquettes, pour dénicher les traces de ces fameux animaux sauvages et pour apprendre à survivre en pleine nature l'hiver. Un accompagnateur en moyenne montagne sera notre guide, et nous le retrouvons à la chapelle de Retord. Les enfants découvrent l'art du pistage, en enquêtant sur le terrain pour savoir qui de l'écureuil, du renard, du chevreuil ou du loup est passé par là. Nous apprenons à reconnaître les déjections animales et les empreintes de pattes. À l'heure du déjeuner, on agrémentera le repas de serpolet sauvage, d'églantines gelées, de bourgeons de hêtre et d'une tisane d'aspérule odorante, tous ramassés par les enfants directement dans la forêt. Nous passons l'après-midi à apprendre à construire un abri qui pourrait nous accueillir pour la nuit. Nous le laisserons en place afin qu'il serve de refuge aux animaux du secteur, et prenons la route du retour, heureux de cette escapade « nordique », les aurores boréales en moins!

UNE PETITE INFUSION D'ASPÉRULE ?

INFORMATIONS PRATIQUES

Accès

Le col de Cuvery est situé à 60 km au nord-ouest d'Annecy et à 110 km au nord-est de Lyon. De Valserhône (Bellegarde-sur-Valserine ou Châtillon-en-Michaille), on monte sur le plateau de Retord par la D101. En train : gare TER à Bellegarde-sur-Valserine, puis taxi (15 km)

Hébergements

Le Catray
Chalet meublé (2 nuits minimum).
Route de Cuvery
06 62 75 37 04,
www.auberge-lecatray.com

Chez Louve Bleue
Une bonne alternative pour se loger, à une vingtaine de kilomètres
Haut Valromey 06 46 38 64 15,
ainchambrehote.wixsite.com/louvebleu

Restauration

Chez Lisa
Produits locaux et plats maison.
Ne manquez pas le reblochon feuilleté !
Route de Cuvery 07 88 51 65 65

Traîneau et exploration

Évasion Terre-Neige
Sous réserve de conditions d'enneigement et météorologiques favorables
06 38 04 91 65,
www.facebook.com/Evasionterreneige

UBAC (Bureau des moniteurs des montagnes de l'Ain)
06 29 18 87 61,
www.ubac-montagne.com

CONSEILS

- Habillez-vous chaudement, car cette aventure se déroule l'hiver et demande parfois de rester immobile dans la neige. Des chaussures de neige chaudes sont recommandées ainsi que de bonnes doudounes pour toute la famille.

08

Les aventures de Thibault

Les yeux dans le bleu

2 jours
À partir de 6 ans

BIVOUAC ET PADDLE AUTOUR DU LAC DU BOURGET

Une nuit et un jour entre lac et montagne, pour s'imprégner de la Savoie. Voilà un bivouac facile, sur le mont Revard, à 1400 mètres d'altitude, d'où l'on prend toute la mesure du lac du Bourget avant d'y plonger le regard au soleil couchant. Le lendemain, nous nous essayons au paddle sur le canal de Savières : une agréable balade en eaux calmes avant de déboucher sur le lac tels des explorateurs!

DISTANCE	500 m
DURÉE	Env. 10 min
NUIT	Bivouac sous tente

Jour 1 Bivouac

Mont Revard

1

Du parking, délaissant le chemin menant vers le pas du Rebollion, nous enjambons une clôture, puis filons tout droit dans les pâturages : un chemin bien visible monte à travers l'alpage en longeant la forêt jusqu'à un replat au sommet. C'est là que nous installons notre campement pour la nuit. Un espace pour faire un feu de camp est déjà présent. Une trouée dans la forêt offre une vue imprenable sur le lac du Bourget; le soleil termine sa course dans l'axe du lac, ce qui rend les couchants mémorables. De l'autre côté, la vue porte jusqu'au mont Blanc! Ici, dans les alpages, les enfants peuvent courir et jouer librement, sans danger. Ouvrez l'œil, car vous êtes dans un espace de nidification des aigles royaux : tôt le matin, vous pourriez bien avoir la chance d'en observer volant juste à votre hauteur.

L'AIGLE ROYAL EN VOL !

Esprit d'aventure

Pour explorer les hauteurs du lac, tentez une escapade sur la via ferrata du roc de Cornillon, classée peu difficile. Il ne faut toutefois pas avoir peur du vide et il faut, surtout, respecter les règles de sécurité si vous partez en autonomie. Un conseil: partez accompagné d'un guide d'escalade!

Approche : 30 min. Via ferrata : 45 min.
Retour : 15 min.

↓

Amélie Rousselet
Guide d'escalade
06 22 92 09 46, www.expeditionverticale.com

DÉPART
Base de loisirs La Marina des Îlots, Chanaz
DISTANCE
Env. 11 km AR
DURÉE
Env. 2h

Jour 2 Paddle

Chanaz → Lac du Bourget

Le rendez-vous est donné à la base de loisirs de Chanaz, pour louer les paddle (ou les canoës). On pourra s'entraîner un peu sur la retenue d'eau du barrage de Savières (et même aller jusqu'à son écluse), avant de revenir vers Chanaz, où l'aventure commence : la descente du canal de Savières, direction le lac du Bourget!

Le canal quitte vite les habitations et se perd dans les forêts de peupliers. Les pauses sont autant de prétextes pour les baignades. Quelques vieilles maisons, mais c'est la nature qui est la plus présente, et libellules, canards et autres hérons peuplent les berges. Après 4 km, on arrive sous le pont du village de Portout, qui annonce le lac : encore quelque 500 m et le but de la journée se dévoile... Nous voici sur le lac du Bourget! La forêt a fait place aux roselières et à la vue sur les montagnes. Si on regarde bien, on aperçoit le spot de bivouac de la veille!

Un petit creux? Longez la rive nord vers la plage de Châtillon (1,5 km env.), où le restaurant Ô Lac redonnera des forces à toute la famille pour préparer le retour sur Chanaz. Envie de continuer? Longez la rive est, où l'on aperçoit l'abbaye d'Hautecombe, trônant au bord du lac. Dans tous les cas, le retour à Chanaz se fait par le même itinéraire, sans difficulté, car il y a peu de courant dans le canal.

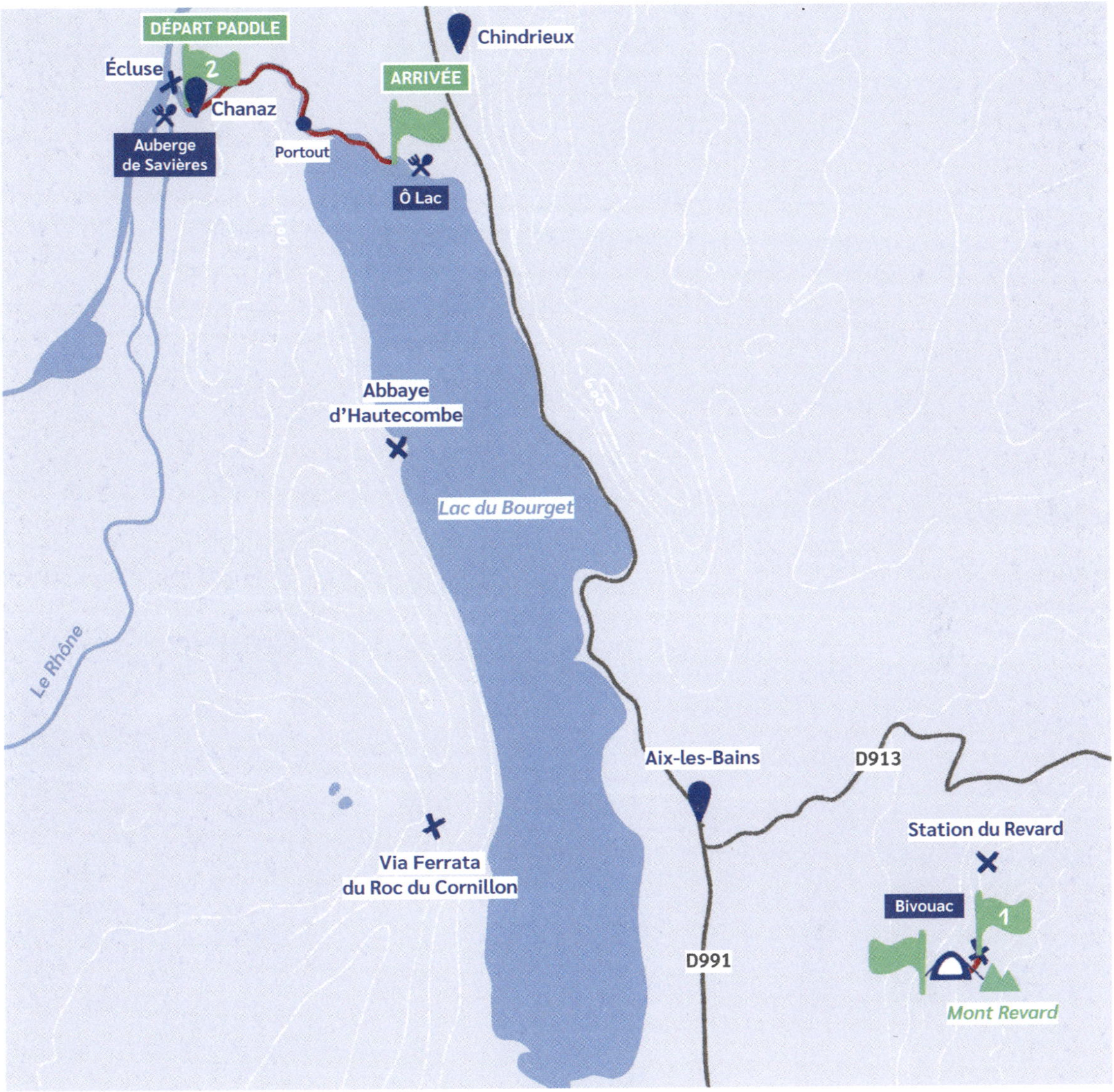

INFORMATIONS PRATIQUES

Accès

Jour 1

D'Aix-les-Bains, prendre dir. Le Revard par la D913. Après env. 20 km, laisser sur la droite la route vers la station de ski du Revard, continuer sur 1,2 km dir. Chambéry jusqu'à un parking de randonnée sur la droite.

L'été, un bus (la ligne Nature) relie Aix-les-Bains à La Féclaz en passant par Le Revard.

Jour 2

D'Aix-les-Bains, rejoindre Chindrieux par la D991, puis, après le hameau de Praz, tourner à gauche dir. Chanaz.

Restauration

Ô Lac
Plage de Châtillon, Chindrieux
04 79 54 59 06,
www.complexe-olac.fr

Auberge de Savières
Chanaz, sur la D921
04 79 54 56 16,
www.savieres.com

Location d'équipement

Prolynx Sports
Location de paddles et de canoës.
La Marina des Îlots, Chanaz
06 95 00 84 23,
www.prolynx-sports.com

CONSEILS

- Arrivez tôt au lieu du bivouac pour bien en profiter et préparer le campement.
- Tout pour un bivouac réussi, voir p. 178

Lire les étoiles

Une nuit en bivouac en pleine nature, un horizon bien dégagé et une voûte céleste sans pollution lumineuse ? Voilà des conditions idéales pour observer le ciel et apprendre à reconnaître quelques-unes de ses stars, étoiles ou constellations… Depuis que les humains ont levé la tête pour le scruter, ils n'ont cessé de vouloir y mettre un peu d'ordre, le peuplant de reines, de chasseurs, de héros, mais aussi de théière, de sablier ou de grand chariot… À vous de les retrouver !

L'ÉTOILE DU BERGER

L'étoile du Berger ? Facile, c'est la première à briller sur la voûte céleste à la tombée de la nuit ! Une étoile ? Non ! Une planète plutôt, la belle Vénus en réalité, déesse de l'Amour pour les Romains… et guide précieuse des bergers depuis la nuit des temps. Autrefois, les gardiens de troupeaux se fiaient à son apparition – à l'ouest juste avant le crépuscule, à l'ouest avant l'aube – pour rentrer et sortir les bêtes de la bergerie, d'où son nom. Pratique quand on n'a pas de montre !

L'ÉTOILE POLAIRE

L'étoile Polaire, elle, est l'amie de tous les navigateurs… et de tous ceux qui cherchent leur chemin ! Comme elle est presque exactement dans l'axe de rotation de la Terre, elle indique le nord : il suffit de suivre sa direction et on est sûr d'arriver au pôle Nord ! Pour la trouver, il faut prolonger cinq fois le bout de la casserole vers le haut. Au fait, l'étoile Polaire fait elle aussi partie d'une constellation célèbre en forme de casserole : la Petite Ourse !

LA GRANDE OURSE
(OU GRANDE CASSEROLE OU GRAND CHARIOT)

La Grande Ourse est la constellation la plus connue et l'une des plus faciles à repérer ! De ce groupe d'étoiles, sept ressortent, plus lumineuses que les autres, pour former une « casserole » au manche coudé ! Et toutes ont un nom… La dernière, sur le haut du rebord, c'est Dubhé, « ours » en arabe…

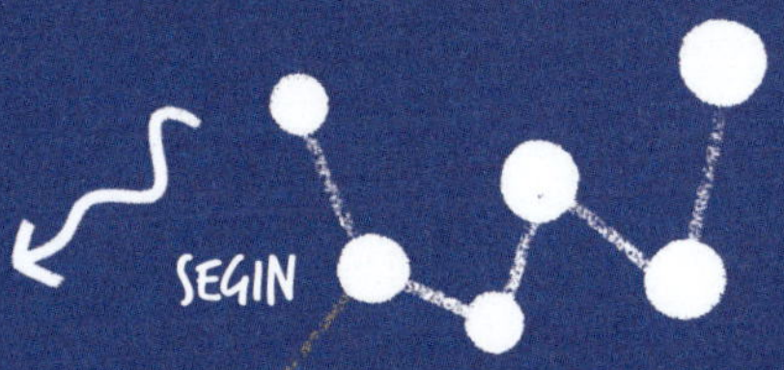

CASSIOPÉE

Voilà une autre constellation visible toute l'année et facile à reconnaître grâce à cinq étoiles, les plus brillantes, formant un W ou un M très ouvert. Pour la trouver, tracez une ligne entre le bout de la queue de la Grande Ourse et celui de la Petite Ourse – l'étoile Polaire ; continuez dans l'axe, sur la même distance et vous tomberez sur Segin, la première étoile du W.

ORION

Visible uniquement en hiver, de septembre à mars, il faudra braver le froid pour observer cette constellation ! Pour la trouver, il faut repérer trois étoiles alignées, très serrées, entourées d'au moins quatre étoiles formant un rectangle, l'ensemble ressemblant à un sablier ou à un nœud papillon. Bételgeuse est l'une des plus grandes étoiles que l'on connaisse, c'est une supergéante rouge, 950 fois plus grosse que le Soleil !

VÉGA

L'étoile la plus lumineuse de la constellation de la Lyre est aussi l'une des plus brillantes du ciel. Avec Altaïr et Deneb, elle forme le Triangle d'été, facile à observer entre juin et août, car elles sont parmi les plus lumineuses de l'hémisphère nord. Pour trouver Véga, positionnez-vous vers le sud, et levez la tête le plus haut possible, jusqu'au zénith, pour trouver le point le plus étincelant.

SITES ET APPLIS UTILES POUR BRILLER DANS LA NUIT

- **Dark Site Finder**

Un site Web pour trouver les endroits avec le moins de pollution lumineuse
→ www.darksitefinder.com/map

- **Star Walk 2, SkySafari, Carte du Ciel ou Night Sky X (pour IOS seulement)**

Des applis qui permettent de repérer les constellations en réalité augmentée : vous pourrez facilement passer pour un pro des étoiles face à vos enfants !

09

Les aventures
de Thibault

Le triathlon du lac

UN TOUR DU LAC D'ANNECY À PIED, EN PADDLE ET À VÉLO

Un immense lac aux eaux turquoise cerné de montagnes aux flancs verdoyants… La région d'Annecy est un eldorado pour tous les amateurs d'activités de plein air. La preuve avec ce tour complet du lac en trois jours, mêlant randonnée pédestre jusqu'au sommet du mont Veyrier, virée en paddle sur le lac et rétropédalage tranquille sur la voie verte, rive ouest. Entre numéro d'équilibriste sur les crêtes, plongées en eaux douces, rencontres avec des castors et petits hôtels douillets au bord du lac, voici une aventure au grand cœur qui devrait laisser plein d'étoiles dans les yeux des enfants.

3 jours
À partir de 8 ans

DÉPART
Parking du col du Pré Vernet

DISTANCE
8 km (balisage rouge et jaune)

DÉNIVELÉ
+ 450 m
- 960 m

DURÉE
Env. 2h30

NUIT
Hôtel Villa Riva

Jour 1 Randonnée

Annecy-le-Vieux → Mont Veyrier → Veyrier-du-Lac

1

Au départ du col du Pré Vernet, sur les hauteurs d'Annecy-le-Vieux, cette randonnée jusqu'aux mont Veyrier et Baron exige quelques efforts mais procure de belles sensations, en particulier sur l'étroit chemin des crêtes : côté est, la forêt ondule en pente douce; côté ouest, la falaise tombe en un à-pic de 800 m! La vigilance est de rigueur avec de jeunes enfants. Du sommet, superbe panorama sur le lac, les Aravis à l'est, les Bauges et le massif de la Chartreuse au sud, la chaîne du Jura au nord. Passé le sommet du mont Baron, on entame une longue descente sportive en forêt (960 m de dénivelé négatif!), ouvrant de belles fenêtres sur le lac, d'abord via le col des Contrebandiers, puis le long du chemin du Rampon et des lacets serrés du sentier Quinier, jusqu'à Veyrier-du-Lac. Plongée revigorante dans les eaux fraîches, dîner d'un filet de féra les pieds dans l'eau, sur la terrasse du Pêcheur, puis nuit cosy à l'hôtel Villa Riva, un grand chalet aux airs gothiques.

UNE VUE À COUPER LE SOUFFLE

DÉPART
Plage de la Brune

DISTANCE
12 km

DURÉE
Env. 2h30

LOCATION DE PADDLES
Point Bleu (récupération des paddles par le loueur à Doussard)

NUIT
Ferme Les Jardins du Taillefer

Jour 2 Paddle

Veyrier-du-Lac → Doussard

2

Des frêles pontons de la plage de la Brune, où s'affairent déjà des pêcheurs très matinaux, nous nous élançons sur nos paddles, les plus jeunes assis devant le pagayeur. En épousant la rive est, on rencontre le roc de Chère, impressionnante avancée rocheuse boisée. Ses hautes falaises sont creusées d'abris-sous-roche et de miniplages boisées, autant d'alcôves sauvages où l'on peut accoster pour piquer une tête. Après la baie de Talloires, Angon et sa plage, on rejoint la réserve naturelle du Bout-du-Lac-d'Annecy, une zone marécageuse irriguée par l'Ire et l'Eau-Morte, ponctuée de forêts humides, de roselières et de tourbières, un milieu de vie béni pour les oiseaux hivernants et les castors. À quelques coups de rame, voici la plage de Doussard et sa jolie marina, où l'on peut, assis sur les pontons, admirer le lac et se féliciter du chemin parcouru dans la journée. Courte marche (1 km) jusqu'aux Jardins du Taillefer, où l'on passe la nuit en tipi ou en canadienne au pied de l'arête du Taillefer.

« *L'étape prend fin sur la plage de Doussard... Les bras sont fatigués, les joues des enfants rosies par le soleil de cette belle journée d'été !* »

Esprit d'aventure

Partez à la découverte des castors et de l'exceptionnelle avifaune de la réserve naturelle du Bout-du-Lac-d'Annecy avec les animateurs du Conservatoire d'espaces naturels.

↓
www.cen-haute-savoie.org

DÉPART
Camping Idéal

DISTANCE
17 km

DURÉE
Env. 2h

LOCATION DE VÉLOS
Location Vélo Doussard (Camping Idéal). Récupération par le loueur à Annecy

Jour 3 Vélo

Doussard → Annecy

3

Nous bouclons ce tour du lac multisports par une échappée belle à vélo le long de la voie verte 100% sécurisée, qui mène jusqu'à Annecy via Duingt, Saint-Jorioz et Sévrier. La piste cyclable serpente entre les maisons de maître et offre des vues superbes sur les dents de Lanfon, le Parmelan, les monts Veyrier et Baron, etc. Pour soutenir le moral des troupes, pauses baignade à la plage du Duingt ou à celle de Saint-Jorioz, puis déjeuner en terrasse à L'Oasis, au bord du lac. À Annecy, découverte des canaux de la Venise des Alpes, pause sorbet au Glacier des Alpes. Récupération des vélos par le loueur, puis retour au véhicule au parking du Pré Vernet (en taxi ou en stop).

RIEN DE MIEUX QU'UNE GLACE POUR CLÔTURER L'AVENTURE !

NOUS, ON ADORE…

… JOUER AUX FUNAMBULES SUR LE CHEMIN DES CRÊTES

… DORMIR DANS UN TIPI À LA FERME

… FAIRE DES BAIGNADES SAUVAGES AU PIED DES FALAISES DU ROC DE CHÈRE

… OBSERVER DES OISEAUX DE LA RÉSERVE DU BOUT-DU-LAC

INFORMATIONS PRATIQUES

Accès

Annecy est à 2h de train (TER) et à 135 km (env. 1h20) en voiture de Lyon. Départ de la randonnée au col du Pré Vernet, accès uniquement en voiture par la route du Mont-Baron.

Hébergements

Le Bel Abri
Une charmante petite villa de la fin du 19e s., posée sur la rive du lac. Très bon restaurant.
Annecy
04 50 23 31 10, www.le-bel-abri.com

Villa Riva
Un charmant hôtel dans une demeure traditionnelle au centre du village, à 5 min à pied de la plage de la Brune.
Veyrier-du-Lac
04 50 60 10 06, www.villariva.fr

Les Jardins du Taillefer
Un camping à la ferme avec ses logements atypiques (cabanes, pods, tipis) et une cuisine à base des produits de la ferme.
Lathuile
07 67 69 35 56, www.jardins-du-taillefer.fr

Restauration

L'Oasis
Cuisine traditionnelle avec vue sur le lac.
Sévrier
04 57 09 99 34,
auberge-du-bessardloasis.business.site

Glacier des Alpes
Annecy
04 50 51 08 86, www.glacierdesalpes.fr

Location d'équipement

Point Bleu location
Location de paddles rigides ou gonflables.
Veyrier-du-Lac
04 50 60 22 02

Location Vélo Doussard
Camping Idéal, Doussard
07 83 05 07 13, www.campingideal.com

CONSEILS

- Cette aventure multisports a été conçue pour embarquer le minimum d'équipement. La location des paddles et des vélos se fait au fil des étapes : veillez à bien organiser la logistique avec les prestataires.
- Équipement : bonnes chaussures de marche, chaussons Néoprène pour le paddle, tennis légères pour le vélo ; sac étanche.
- Réservez hébergement, paddles et vélos le plus tôt possible.

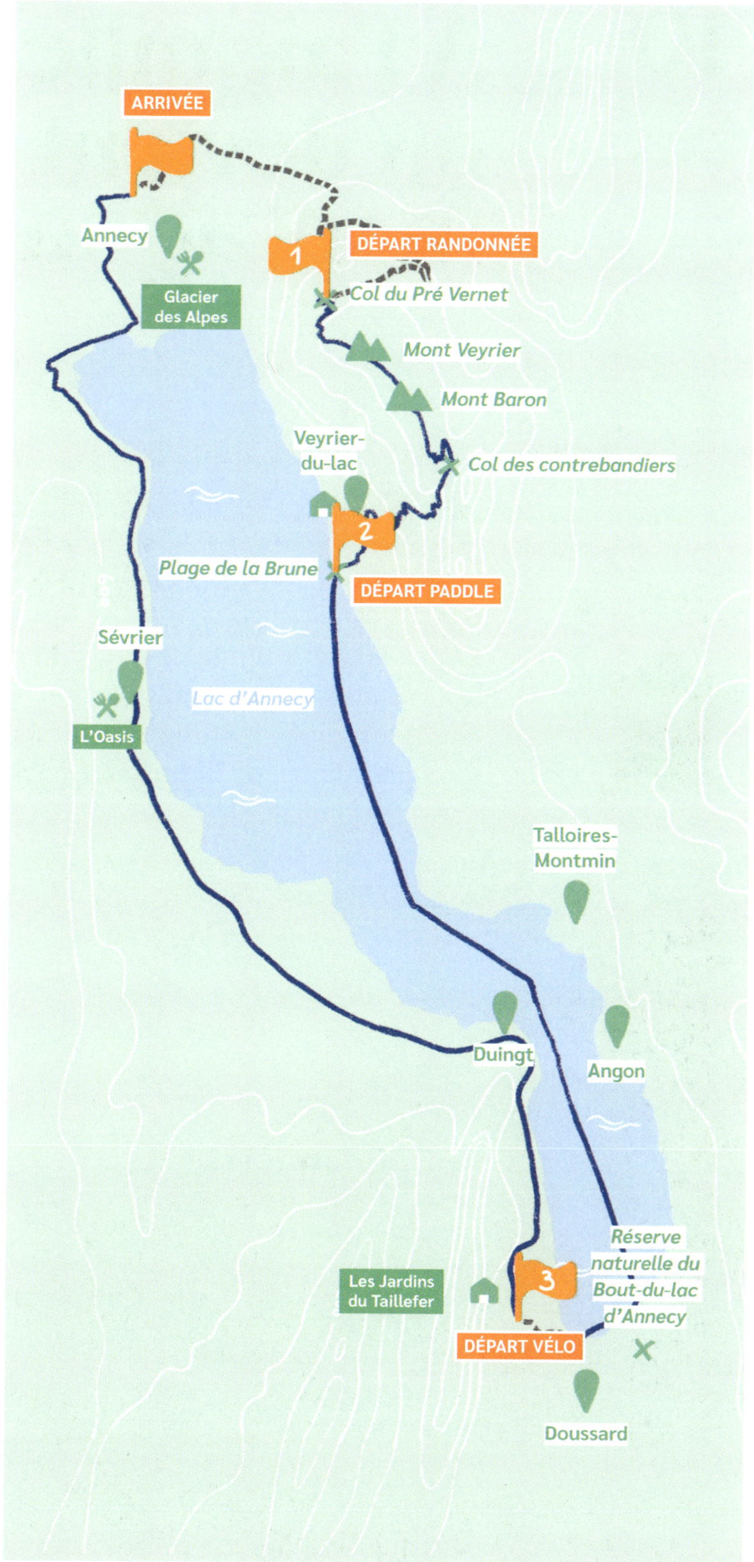

10

Les aventures de Thibault

À l'aiguille Verte, on devient montagnard

RANDONNÉE DANS LE MASSIF DU BARGY

2 jours
À partir de 7 ans

Cap sur le massif du Bargy, pour un challenge familial tout en douceur : l'ascension de l'aiguille Verte ! Sur la route de ce sommet verdoyant, à 2045 mètres d'altitude, nous faisons halte une nuit au refuge de Lessy. Au programme : pêche à la mouche, observation des chamois et des bouquetins et, avec un peu de chance, séquence ébahissement face au géant des airs et maître des lieux, le gypaète barbu !

DISTANCE 5 km
DURÉE Env. 2h
DÉNIVELÉ + 560 m
NUIT Refuge de Lessy

Jour 1

Le Paradis → Refuge de Lessy

Cette première journée de marche débute au lieu-dit Le Paradis. D'ici, le chemin s'élève doucement dans les alpages du val de Bornes, réputés pour produire l'un des meilleurs reblochons de la région. Passés les derniers chalets isolés en lisière de la forêt, la route forestière laisse la place à un sentier raide qui grimpe à travers les falaises du rocher de Salin. Dans cet univers de roche, il n'est pas rare de voir détaler chamois et bouquetins… ouvrez l'œil! Après ce raidillon, nous marchons sur la ligne de crête jusqu'au col de la Forclaz, où se dévoile une vue magique sur l'aiguille Verte, dont la verticalité impressionne. Du col, nous glissons vers le lac de Lessy, que nous contournons jusqu'au refuge. Comme nous, vous pourrez occuper la fin de la journée à observer les bouquetins sur les pentes du pic de Jallouvre, puis, le soir venu, vous hisser sur le promontoire à l'arrière du refuge pour voir le soleil s'éteindre au-dessus de la vallée.

Esprit d'aventure

La via ferrata « la Tour du Jallouvre » est une belle expérience à faire avec des adolescents habitués à la montagne. Accompagné d'un guide de haute montagne, cette aventure sportive vous engagera pendant 6h au fil d'un itinéraire difficile comprenant plusieurs passages aériens.

↓

Compagnie des guides du Grand-Bornand
À partir de 13 ans (taille minimale 1,40 m).
Le Grand-Bornand
06 36 21 19 10, www.guides-grandbornand.com

DISTANCE
8 km

DÉNIVELÉ
+ 400 m
- 814 m

DURÉE
3h

Jour 2

Refuge de Lessy → Aiguille Verte → Le Paradis

Réveil matinal… Le lac offre un espace privilégié pour pêcher à la mouche des saumons de fontaine, dans un environnement magique. Levez les yeux, les chamois et les bouquetins seront sûrement au-dessus de vos têtes!

Après un bon petit déjeuner, nous entamons l'ascension de l'aiguille Verte qui, à la différence de celle du massif du Mont-Blanc, est accessible avec des enfants en 1h de marche seulement. Le sommet, assez escarpé, invite à la prudence, mais en haut on décroche une vue phénoménale sur la chaîne des Aravis et le mont Blanc. Soudain s'approche au loin un gypaète barbu : avec ses 2,50 m d'envergure, il est le plus grand vautour d'Europe! Alors que nous sommes perchés sur le sommet, il rase nos têtes avant de poursuivre sa route entre les sommets du Bargy… Un moment absolument magique!

COMME UN TREMPLIN VERS LE CIEL

Le retour dans la vallée se fait par le même itinéraire, mais cette fois sans pause en refuge : la marche est un peu longue, le dénivelé négatif important, mais notre petite troupe la réalise sans peine, la tête pleine de souvenirs.

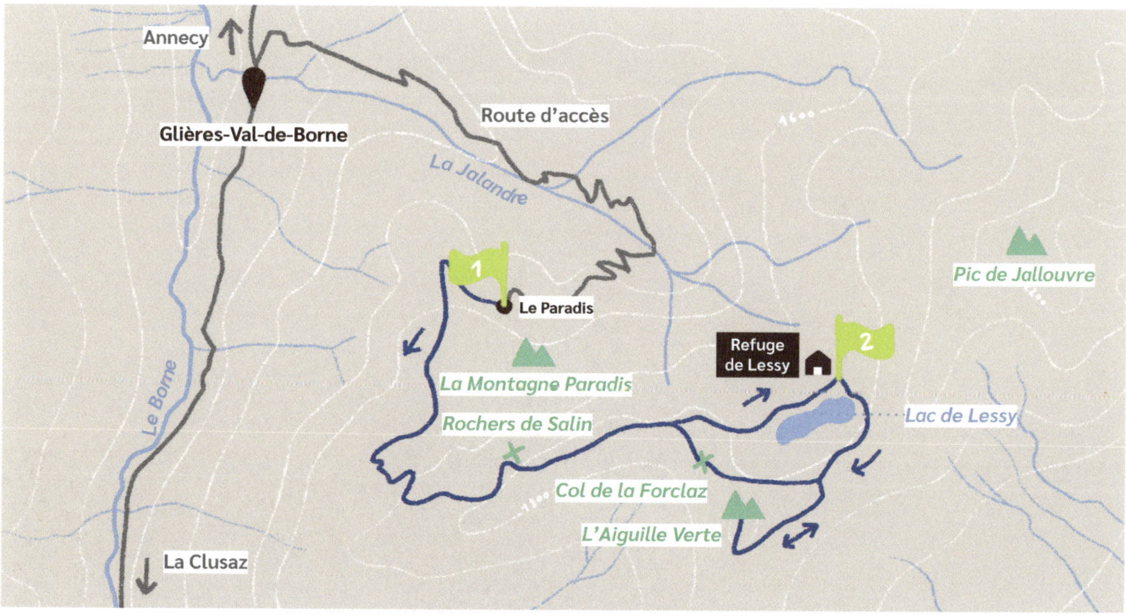

INFORMATIONS PRATIQUES

Accès

Glières-Val-de-Borne est à 50 min d'Annecy en voiture via l'A41, l'A410 et la D12. En bus : départ de la gare routière d'Annecy, ligne Y62 jusqu'à Saint-Jean-de-Sixt (45 min), puis ligne E jusqu'à Glières-Val-de-Borne (15 min).

Hébergement

Refuge de Lessy
Au pied du lac de Lessy. Deux dortoirs (19 couchages), restauration (spécialités locales), petit déjeuner. Buvette. 14€/pers. (40€ en demi-pension). Location drap 5€.
Glières-Val-de-Borne
06 75 53 42 13, http://refugedelessy.free.fr

CONSEILS

• Accès possible au refuge de Lessy au départ du Grand-Bornand, mais itinéraire plus fréquenté.

11

Les aventures de Thibault

Fondue en alpage

RANDONNÉE FACILE ET DÎNER EN PLEIN AIR SUR LE PLATEAU DES GLIÈRES

1 jour
À partir de 6 ans

On dit souvent que l'aventure commence dès le pas de notre porte. Où que vous habitiez, il y a un coin de nature non loin de chez vous qui permettra à toute la famille de vivre un moment d'exception, sans chercher l'exploit. Notre « bout du monde » à nous, c'est le plateau des Glières, à 20 minutes de route. Perché en haut d'une falaise, c'est un lieu reculé et sauvage. On aime à y grimper en famille, été comme hiver, pour s'enivrer de la vue sur les massifs alentour… et parfois y déguster une fondue savoyarde au soleil couchant!

DÉPART
Maison du plateau des Glières

DISTANCE
9 km AR

DÉNIVELÉ
+ 470 m

DURÉE
Env. 2h pour monter, et 30 min pour descendre

Randonnée
Plateau des Glières

1

Arrivés sur le plateau, on se gare sur le parking qui se trouve au niveau de la Maison du plateau des Glières (point de départ des pistes de ski de fond). Les sacs sur le dos, il faut prendre le GR96, qui descend vers le sud-ouest en direction du restaurant Chez Gautard et de la plaine de Dran, que l'on atteint en 20 min. Une fois à l'entrée de cette immense plaine aux allures de steppe mongole, il faut suivre le GR de Pays Massif de Tournette-Aravis, qui monte à l'est dans un vallon protégé où paissent

LE PLATEAU DES GLIÈRES ÉTÉ COMME HIVER

→ IDÉE RECETTE

Bien sûr, chacun ici a sa recette, son mélange de fromages et ses ingrédients complémentaires. Voici une version toute simple, mais qui a fait ses preuves, surtout en bivouac ou dans un refuge !
La clé du succès : choisir un bon fromage, un seul, mais qui a du goût ! Optez, par exemple, pour un comté affiné.

FONDUE AU GRAND AIR, POUR 6 PERSONNES

1 kg de fromage
1 gousse d'ail
Du vin blanc
Du pain
Du poivre
Un réchaud à gaz

1. Râper grossièrement le fromage. Couper le pain en dés.
2. Frotter le fond du caquelon avec la gousse d'ail. Puis écraser le reste pour la laisser dedans.
3. Sur le réchaud, porter à frémissement un verre de vin blanc dans le caquelon. Et là commence le jeu : ajouter petit à petit le fromage et remuer en faisant des « 8 » avec une cuillère en bois. Dès que la première poignée de fromage est fondue, en rajouter, et ainsi de suite. Si la fondue paraît trop épaisse, ajouter du vin afin d'avoir la consistance souhaitée. Ajouter du poivre.

Astuce : en plein air, utiliser un réchaud à gaz ou à bois, mais pas à alcool, car il ne sera pas assez puissant pour maintenir la chaleur. Si vous êtes manuel, mieux vaut fabriquer votre propre réchaud à bois, c'est assez simple et il existe de nombreux tuto sur Internet.

les vaches en été. Il débouche sur un replat qui marque le plan du Loup, où l'on observe souvent les chamois, tard en journée ou tôt le matin. Après un dernier effort le long du chemin des Chalets-des-Auges, on arrive au pas du Loup, un col d'où la vue sur la chaîne du Mont-Blanc, le massif des Aravis et bien d'autres sommets est époustouflante. Si le timing est bon, il est alors l'heure de sortir le réchaud pour lancer une fondue en plein air, que vous dégusterez face au coucher du soleil. La descente se fera par un itinéraire plus direct, en quasi ligne droite à travers la forêt, vers la Maison du Plateau. Il est fort probable que vous croisiez des chamois au début de la descente et quelques renards ou sangliers plus bas dans la forêt, à la lumière des frontales. De quoi ajouter un peu de piment à l'aventure!

INFORMATIONS PRATIQUES

Accès

Le plateau des Glières se trouve à 45 min de voiture d'Annecy. Arrivé à Fillière, on y grimpe par la D55. Il est aussi accessible en bus depuis Annecy l'hiver (dès l'ouverture des pistes de ski de fond).

CONSEILS

• Le pas du Loup est un lieu magique pour passer la nuit. Si vous êtes équipé pour, profitez donc de la pureté du ciel et du calme de ce spot de bivouac accessible, qui vous offrira alors aussi sa merveilleuse vue au lever du soleil.

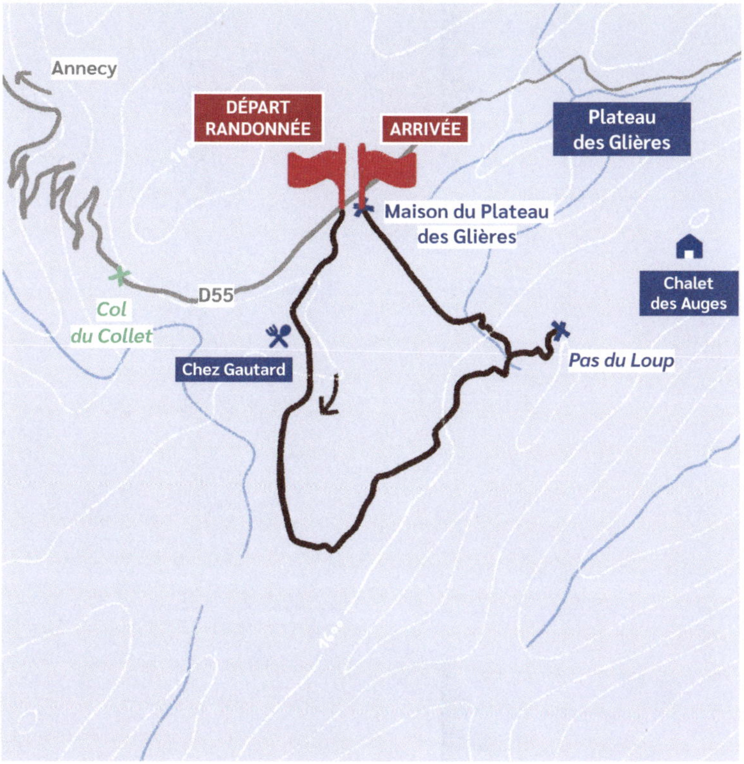

12

Les aventures
de Thibault

Face aux glaciers

**3 JOURS DE RANDONNÉE
SUR LES BALCONS DU MONT BLANC**

Magique vallée de Chamonix… Ici, le regard porte sur les plus hauts et les plus mythiques sommets d'Europe! Cette fois nous partons dans la réserve naturelle des Aiguilles-Rouges pour une itinérance de quatre jours sur les balcons de la vallée, sans doute l'une des plus jolies randonnées du secteur : le face-à-face avec les aiguilles de Chamonix, le mont Blanc et ses majestueux glaciers est époustouflant. Voilà une belle aventure montagnarde où l'on croise des marmottes au bord des lacs d'altitude, mais aussi bouquetins, gypaètes barbus, avant de s'endormir dans le confort de refuges. La première étape est la plus longue, mais, une fois là-haut, vous ne voudrez plus redescendre!

4 jours
À partir de 8 ans

ITINÉRAIRE
GR Tour du Mont-Blanc

DISTANCE
5 km

DÉNIVELÉ
+ 900 m

DURÉE
Env. 2h30

NUIT
Refuge du Lac Blanc (alt. 2 352 m)

Jour 1

Tré-le-Champ ou col des Montets → Lac Blanc

Il y a deux départs possibles pour cet itinéraire. Celui de Tré-le-Champ n'est pas le plus facile, mais il est le plus ludique et le plus aventureux, tout en restant accessible si vous avez l'habitude de marcher. Si vous n'aimez pas les passages aériens ou que vous êtes accompagné de jeunes enfants, préférez un départ au col des Montets, 5 min plus loin en voiture.

Option Tré-le-Champ

Du parking, engagez-vous sur le GR Tour du Mont-Blanc, qui monte tranquillement en balcon jusqu'à des falaises qui semblent infranchissables. Là se dresse, toute fine, l'aiguillette d'Argentière. L'occasion d'une pause pour profiter d'un premier panorama sur la mer de Glace et l'aiguille Verte. À partir de là, on attaque les échelles qui grimpent dans la falaise pour déboucher au-dessus des lacs des Chéserys. Le passage des échelles peut impressionner, mais les prises sont sûres et l'accès bien sécurisé. Prudence tout de même avec les enfants (une corde peut être utile pour les sécuriser). Le sentier en lacet arrive ensuite à un cairn assez massif, qui marque la jonction des deux itinéraires.

PASSAGE AÉRIEN SUR DES ÉCHELLES

Option col des Montets

Du parking du col des Montets, suivre le GRP Tour du Pays du Mont-Blanc (marquage jaune et rouge), qui grimpe raide sur 350 m de dénivelé, avant de rejoindre les balcons de la vallée. La pente s'apaise et le chemin continue dans les prairies. Il n'est pas rare de croiser des bouquetins curieux par ici. Moins de sensations fortes que par l'autre itinéraire, mais une tout aussi jolie vue.

On continue ensuite sur le chemin du Tour du Mont-Blanc, qui serpente au-dessus des lacs des Chéserys, joyaux de la réserve naturelle, pour aboutir au lac Blanc et à son refuge. Déposez-y les sacs, avant d'entreprendre le tour du lac et d'admirer l'aiguille Verte se refléter dans les eaux turquoise. Le soleil couchant mettra probablement le feu au ciel et aux sommets avant que vous n'alliez trouver le repos au chaud au refuge.

DISTANCE
3,2 km

DÉNIVELÉ
- 500 m

DURÉE
Env. 1h30

NUIT
Refuge de la Flégère (alt. 1 879 m)

Jour 2

Lac Blanc → Refuge de la Flégère

Après une première journée sûrement éprouvante pour les plus petits, pourquoi ne pas profiter du calme d'un matin autour du refuge? Les premiers randonneurs ne sont pas encore arrivés et le lac Blanc sera pour vous! Les marmottes et les bouquetins sont légion là-haut, et les enfants ne se lasseront pas de les observer (n'oubliez pas les jumelles!). Prêt à repartir? Prenez la direction de la Flégère par le GRP Tour du Pays du Mont-Blanc, qui descend en diagonale sur les balcons. Le regard est maintenant tourné vers le mont Blanc, qui nous fait face. Faites un arrêt au petit lac de la Flégère pour laisser jouer les enfants, avant d'arriver dans la station, où le refuge vous attend pour la nuit!

DISTANCE
8 km

DÉNIVELÉ
+ 400 m
- 450 m

DURÉE
Env. 3h (via le téléphérique du Brévent)

NUIT
Refuge Bellachat (alt. 2 152 m)

Jour 3

Refuge de la Flégère
→ Refuge Bellachat

En partant du refuge le matin, prenez de nouveau le GRP Tour du Pays du Mont-Blanc, en descente à travers la grande combe Lachenal. À la fin de l'été, vous vous régalerez de myrtilles, qui poussent ici par milliers. On remonte ensuite doucement à travers les alpages pour rejoindre le

DES MYRTILLES PAR MILLIERS

Esprit d'aventure

Vous souhaitez prolonger votre séjour dans la vallée? Allez tenter la via corda alpina, du rocher des Mottets. Cette longue voie d'escalade (cotée 3) vous mènera à 1638 m d'altitude au pied des insolites Bulles des Mottets : nuit en tente-bulles suspendues aux arbres et lever du jour face aux Drus!

↓

Excursion encadrée par un guide de montagne (matériel fourni) :
Compagnie des Guides de Chamonix
Chamonix, 04 50 53 00 88,
www.chamonix-guides.com

Excursion en autonomie : nombreux magasins de location d'équipement.
Concept Pro Shop
Chamonix, 04 50 54 21 43,
www.conceptproshopchamonix.com

Buvette et Bulles des Mottets
Tente 2 adultes et 1 enfant
06 80 95 30 87,
buvettemottets.wixsite.com/nature

téléphérique du Brévent à Planpraz. Celui-ci vous mènera à 2525 m, où l'on tutoie le maître de la vallée, le majestueux mont Blanc. Il suffira ensuite de descendre pendant moins de 1h vers le refuge Bellachat. Sur le chemin, on casse la croûte devant le spectacle des aiguilles de Chamonix, tandis que les chocards à bec jaune attendent impatiemment les miettes du pique-nique. L'accueil au refuge est chaleureux et marque la fin de cette belle traversée du massif des Aiguilles rouges.

Jour 4
Refuge Bellachat → Chamonix

C'est le dernier jour du périple! Après avoir observé les chamois aux abords du refuge, et avant de repartir vers Chamonix, nous descendons jusqu'au lac du Brévent, à 30 min de marche, en passant par les portes de la réserve naturelle de Carlaveyron, une zone humide préservée. Ici les marmottes sont reines mais pas seulement : avec beaucoup de discrétion on peut même apercevoir des hermines dans les rochers. À partir du lac du Brévent, le chemin remonte vers le téléphérique du Brévent, qui vous ramènera dans la vallée en vous évitant une longue et pénible descente.

DISTANCE
3,6 km

DÉNIVELÉ
+ 350 m
- 110 m

DURÉE
Env. 2h (via le téléphérique du Brévent)

INFORMATIONS PRATIQUES

Accès

Le col des Montets est situé à 12 km au nord de Chamonix. Prendre dir. Argentière puis le col des Montets via la D1506. Peu avant le col, un vaste parking permet de se garer au lieu-dit Tré-le-Champ. Le parking pour l'accès par le col des Montets est situé 900 m plus loin.

Hébergements

Refuge du Lac Blanc
07 67 56 74 14, www.refuge-lac-blanc.fr

Refuge de la Flégère
06 03 58 28 14

Refuge Bellachat
07 89 03 30 38,
www.refuge-bellachat.com

Les refuges sont ouverts l'été uniquement (mi-juin à mi-sept. env.), sur réservation le plus tôt possible.
Nuit en dortoir. Demi-pension obligatoire.

Téléphérique

Téléphérique du Brévent
Une aide précieuse pour les derniers jours!
www.chamonix.com

CONSEILS

- Vous dormirez en refuge, partez donc léger mais avec suffisamment d'eau pour la journée.
- Si vous êtes dans en mode sportif ou accompagné de grands enfants, vous pouvez combiner les jours 2 et 3 en une seule (grosse journée en perspective).
- Pour rejoindre votre véhicule au parking, vous devrez prendre un taxi depuis Chamonix ou un bus jusqu'à Argentière, puis, faire un peu de stop.

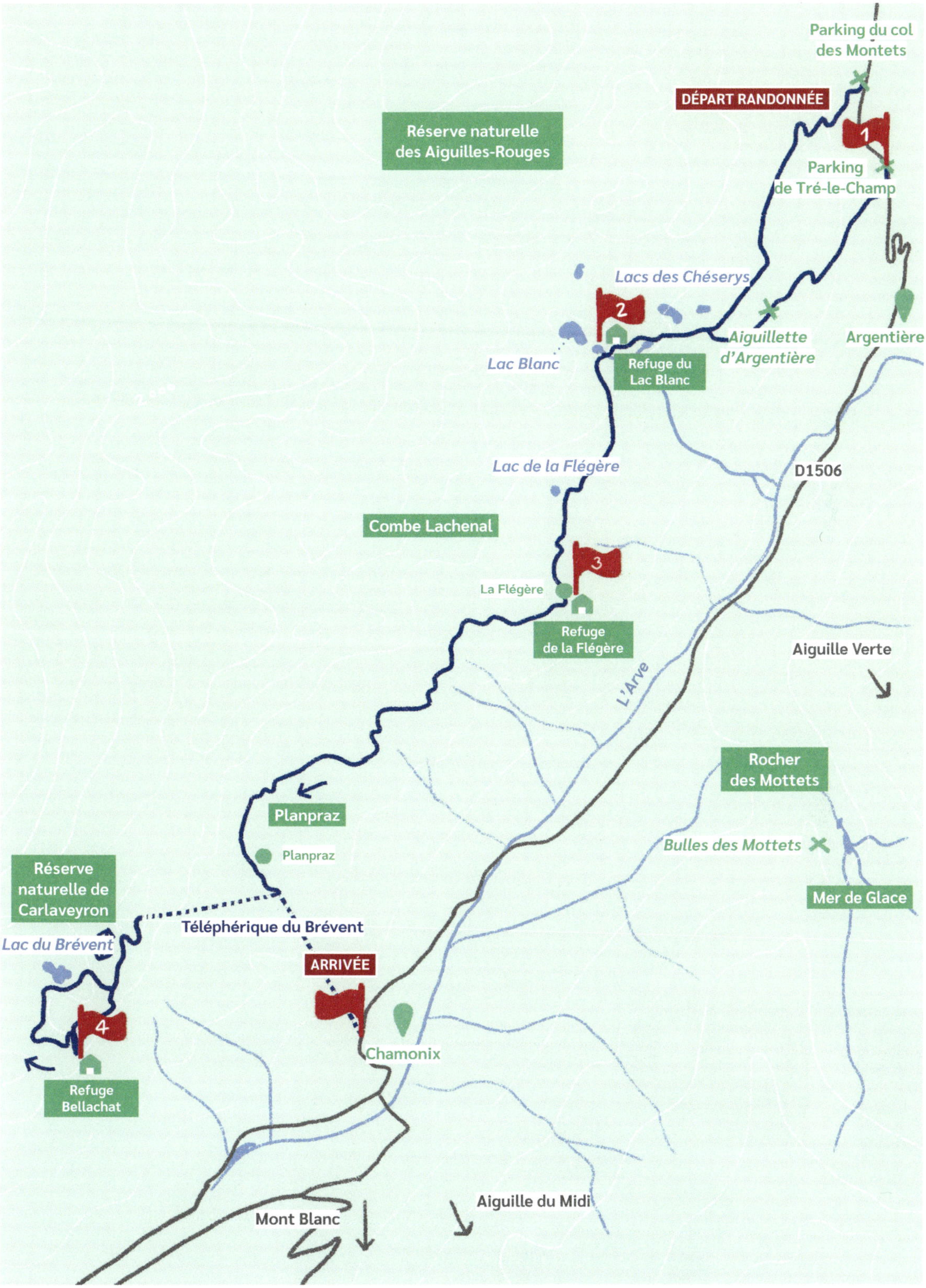
Parking du col
des Montets
DÉPART RANDONNÉE
1
Parking
de Tré-le-Champ
Réserve naturelle
des Aiguilles-Rouges
Lacs des Chéserys
2
Lac Blanc
Refuge du
Lac Blanc
Aiguillette
d'Argentière
Argentière
D1506
Lac de la Flégère
Combe Lachenal
3
La Flégère
Refuge
de la Flégère
L'Arve
Aiguille Verte
Rocher
des Mottets
Planpraz
Planpraz
Bulles des Mottets
Mer de Glace
Réserve
naturelle de
Carlaveyron
Téléphérique du Brévent
Lac du Brévent
ARRIVÉE
4
Chamonix
Refuge
Bellachat
Aiguille du Midi
Mont Blanc

Dormir en refuge

Il existe (pour simplifier) deux types de refuges en montagne : les refuges gardés et les refuges (ou cabanes) non gardés. Les premiers, payants, s'approchent, même rudimentaires, d'une prestation hôtelière ; les seconds sont des abris ouverts à tous. Dans tous les cas, ils sont la promesse d'une expérience exceptionnelle, loin de tout, et dans un environnement sauvage.

LES REFUGES GARDÉS

Qu'il soit privé ou géré par la Fédération française des clubs alpins et de montagne (la FFCAM), chaque refuge a ses règles, reportez-vous à leur site Internet :

- ils sont pour leur majorité ouverts en saison estivale uniquement (l'hiver, une partie du refuge habituellement gardé peut être ouverte à tous);
- pour leur bon fonctionnement et parce que certains sont très fréquentés, il est préférable de réserver, parfois plusieurs mois à l'avance;
- le logement se fait en dortoir, les chambres sont rares;
- venez avec un drap-sac (ou un sac de couchage) et une taie d'oreiller (il y a généralement couettes ou couvertures là-haut);
- il n'y a parfois pas d'électricité (ou elle est limitée dans le temps), d'eau courante, encore moins de réseau téléphonique;
- selon le refuge, on peut y faire sa tambouille ou la demi-pension est obligatoire. Il est souvent proposé des casse-croûte ou paniers pique-nique pour le lendemain midi. Les refuges servent des plats montagnards et font, bien sûr, avec les moyens du bord;
- la vie en collectivité est la règle : silence le soir et respect des horaires (on dîne tôt, on se lève tôt, voire très tôt). « Après l'énergie et l'eau, le sommeil des gardiens est la troisième ressource à préserver »... ;
- le paiement se fait généralement en espèces;
- n'oubliez pas bouchons d'oreille pour la nuit et sac-poubelle pour redescendre vos déchets.

Le site www.refuges.info, collaboratif, est une mine d'infos ; il recense les refuges des massifs montagneux français et en donne tous les détails : coordonnées GPS, couchage, matériel à disposition, points d'eau à proximité, etc.

LA CHARTE DU PETIT ENCABANÉ

RÈGLES DE BONNE CONDUITE DANS LES REFUGES NON GARDÉS :

✗ Je respecte les lieux, ces refuges perdurent grâce à tous.

✗ Si d'autres randonneurs arrivent, je leur fais de la place et partage l'endroit avec eux.

✗ Si j'utilise du bois pour le poêle, je veille à toujours en remettre en quantité suffisante pour que les prochains occupants ne se retrouvent pas dépourvus à leur arrivée.

✗ Pour mes besoins, je m'éloigne de la cabane, je les enterre et mets le papier toilette à la poubelle.

✗ En partant, j'emporte mes déchets, je ne laisse aucune bouteille en verre, rien. Si les précédents en ont laissé, je les prends avec moi. Je m'assure que bougies, poêle ou cheminée soient bien éteints. Je ferme fenêtres et volets.

LES REFUGES NON GARDÉS

Ces refuges sont ouverts à tous, ils sont en quelque sorte confiés à leurs visiteurs. Il s'agira de préserver ce caractère unique en en prenant soin. Très rustiques, ils n'ont ni eau ni électricité : c'est en quelque sorte comme un bivouac, mais avec un toit au-dessus de la tête et un poêle pour se réchauffer (emportez donc les mêmes affaires que pour un bivouac). Vous y trouverez tables et bancs, parfois des matelas, et du petit matériel : scie ou hache, balai, pelle, etc. On ne peut pas les réserver, il est donc préférable, surtout en famille, d'arriver en milieu d'après-midi pour occuper l'espace et commencer à réchauffer la pièce principale.

Certains sont très fréquentés, surtout le week-end, d'autres pas du tout.

13

Les aventures de Thibault

Slow trekking

LE TOUR DE LA VALLAISONNAY PAR LES REFUGES

Une fois que vous aurez goûté à la vie en refuge en famille et que vous serez habitué à marcher régulièrement, il sera temps de vous lancer dans la grande aventure de l'itinérance en montagne. Cet itinéraire est idéal pour une première expérience, avec des étapes courtes, des refuges très adaptés aux enfants et surtout une immersion dans la nature sauvage du parc national de la Vanoise. Vous côtoierez les bouquetins et les marmottes comme jamais, évoluerez à travers les alpages et les cols, puis découvrirez les rares fleurs d'edelweiss nichées sous les sommets et les glaciers de la Vanoise. Vous en reviendrez comme de véritables montagnards.

4 jours
À partir de 6 ans

DISTANCE
3 km

DÉNIVELÉ
+ 620 m

DURÉE
2h

NUIT
Refuge de Plaisance

Jour 1

Refuge du Laisonnay
→ Refuge de Plaisance

Notre excursion débute au refuge du Laisonnay, que nous quittons en milieu de matinée après y avoir passé la nuit. Le sentier, d'abord un peu raide, s'élève vers le nord le long du Py, un ruisseau aux eaux rugissantes qui prend sa source aux glaciers du sommet de Bellecôte, à plus de 3 400 m d'altitude. Passé la cascade du Py, nous entrons dans l'univers préservé du parc de la Vanoise : déjà, au loin, les premiers bouquetins détalent à notre approche tandis que, tout près, des marmottes entament un concert de sifflements pour prévenir leurs congénères de notre arrivée! Le refuge de Plaisance est bientôt en vue : une frêle passerelle au-dessus du torrent mène à ses deux chalets triangulaires typiques, où l'on peut lézarder en terrasse face au sommet du Grand Bec... À moins de pousser à l'extrémité de ce vallon verdoyant, jusqu'au Cul du Nant, pour aller observer dans la plus grande discrétion les hardes de bouquetins mâles qui s'y regroupent en fin de journée. Certains d'entre eux s'aventurent même jusqu'aux falaises au-dessus du refuge sous le regard des aigles royaux.

LES BOUQUETINS MÂLES SE RÉUNISSENT EN HARDE AU CUL DU NANT

DISTANCE
6 km

DÉNIVELÉ
+ 430 m

DURÉE
Env. 2h30

NUIT
Refuge d'Entre-le-Lac

Jour 2

Refuge de Plaisance
→ Refuge d'Entre-le-Lac

Au départ du refuge, le chemin grimpe doucement vers le Plan Séry à travers une zone humide qui, l'été, se couvre des « boules de coton » des linaigrettes, ces plantes adeptes des tourbières de montagne. C'est ici que nous faisons une belle rencontre avec un bouquetin solitaire. Le grand replat du Plan Séry, à 2460 m, est l'occasion d'une autre pause botanique : dans la prairie fleurie qui grimpe au nord se détachent les fleurs en étoile si caractéristiques des edelweiss. Ne les cueillez pas et veillez à ne pas les piétiner, elles sont rares et protégées dans le parc de la Vanoise. Au col du Plan Séry, à 2609 m d'altitude, dans l'ombre de la pointe du Vallaisonnay, l'itinéraire bascule sur le versant nord, vers le lac de la Plagne et le refuge d'Entre-le-Lac. L'après-midi, nous empruntons le chemin autour du lac où l'on trempe volontiers les pieds. Tout autour, gambadant sur les pentes herbeuses, d'innombrables marmottes semblent s'être donné rendez-vous, pour le plus grand plaisir des enfants. Plein nord, la vue sur l'impressionnant mont Pourri et son sommet enneigé à 3779 m d'altitude nous fait voyager en haute montagne.

LA BEAUTÉ DES EDELWEISS…

Esprit d'aventure

Si vous voulez initier toute la famille à la randonnée glaciaire, la Vanoise regorge de glaciers facilement accessibles, sans difficulté. La pointe de la Réchasse (3212 m) s'y prête parfaitement. Un très beau sommet panoramique idéal pour une approche tout en douceur de la haute montagne, adapté aux enfants à partir de 11 ans. Vous passerez une nuit au refuge du col de la Vanoise. Attention, cela nécessite quand même une bonne forme physique. Faites appel aux services des guides de Pralognan pour vous accompagner.

↓
www.guides-pralognan.com

DISTANCE
4 km

DÉNIVELÉ
+ 430 m

DURÉE
2h

NUIT
Refuge du col du Palet

Jour 3

Refuge d'Entre-le-Lac →
Refuge du col du Palet

Inutile de démarrer tôt : l'étape du jour est courte et mieux vaut laisser les autres randonneurs partir avant pour profiter de la montagne en toute quiétude.

Le chemin rejoint l'itinéraire du GR5 au niveau des alpages du plan de la Grassaz, condensé de vie pastorale avec ses bergers, ses cabanes, ses rustiques vaches abondance, capables de s'adapter aux pâturages d'altitude. Au Plan Janin, les marmottes s'ébattent gentiment... Le sentiment de bout du monde est total... alors que la station de sports d'hiver de Tignes est toute proche.

Une dernière montée mène au lac du Grattaleu, d'où le regard embrasse la face nord de la Grande Casse. Au refuge du col du Palet, 500 m au-dessus du lac, on trouve des dortoirs douillets et l'ambiance typique des refuges. L'été, on peut y assister à des concerts et à des numéros de cirque!

DISTANCE
13 km

DURÉE
Env. 4h

DÉNIVELÉ
+ 180 m
- 1 200 m

Jour 4

Refuge du col du Palet →
Refuge du Laisonnay

C'est le jour de la grande descente dans la vallée! Au départ du refuge, le chemin grimpe jusqu'au col de la Croix des Frêtes via le col du Palet, puis plonge vers la vallée : plus de 1000 m de dénivelé que les enfants dévalent en courant et en jouant, pendant que nous nous agrippons à nos bâtons! Encore pleins d'énergie, nous optons pour un petit détour jusqu'au lac des Échines. Au niveau des chalets du plan du Sel, en face de la Croix des Écuries, nous suivons une petite sente qui remonte doucement vers le nord-ouest, croisant au passage une curiosité géologique, une dépression ressemblant à un cratère de volcan… L'arrivée à ce lac secret est magique : toute la crête glaciaire – du Grand Bec à la Grande Motte en passant par la Grande Casse – se reflète dans ses eaux! Une dernière vue grandiose et imposante sur la Vanoise d'en haut. Après une pause réconfortante pour déjeuner au refuge de la Glière, nous rejoignons le refuge du Laisonnay, notre point de départ, avec déjà la furieuse envie de repartir en refuge…

INFORMATIONS PRATIQUES

Accès

Refuge du Laisonnay, Champagny-le-Haut

En train
Au départ de Lyon Part-Dieu, TER jusqu'à Moûtiers (3h), navette jusqu'à Champigny-en-Vanoise, puis taxi ou marche (4,5 km, 1h15) jusqu'à Champigny-le-Haut.

En voiture
À 205 km de Lyon (env. 2h30) via Moûtiers par l'A43, la N90 et la D915.

Hébergements

Refuge de Plaisance
Deux chalets. Dortoir de 32 places. Sac de couchage non fourni. Restauration sur place, panier pique-nique sur demande (résa la veille), eau potable.
09 72 16 73 01
http://refuge-plaisance.vanoise.com
À partir du 15 sept. 2022

Refuge Entre-le-Lac
09 72 63 87 49
https://refugeentrelelac.wixsite.com/savoie

Refuge du col du Palet
Trois dortoirs. Restauration midi et soir. Aire de bivouac. Sac de couchage non fourni (sac à viande jetable, payant).
04 79 07 91 47
https://refuge-coldupalet.vanoise.com
Refuge gardé : fév.-avr., 15 juin-15 sept. ; refuge non gardé : mai-15 juin et 16 sept.-oct. ; f. nov.-janv.

Restauration

Refuge de la Glière
09 72 66 44 18, www.refugedelagliere.fr

CONSEILS

- Les trois refuges de cette aventure sont très confortables, parfaitement adaptés aux familles et très bien équipés : vous pourrez ainsi randonner léger. Pour dormir, prévoyez un sac de couchage ou un « sac à viande » (couvertures sur place).
- Pour raccourcir l'aventure d'une journée, entamez la descente, dès le jour 3, en bifurquant vers le col de la Grassaz via le lac Verdet, avant d'arriver au refuge du col du Palet. La journée sera plus longue et difficile, car vous devrez cumuler 480 m de dénivelé positif et 1 100 m de dénivelé négatif.

14

Les aventures de Thibault

Réveil en CinémaScope

PREMIER BIVOUAC MONTAGNARD AU LAC DU PONTET

2 jours
À partir de 8 ans

« Le dehors guérit », disait Robert Louis Stevenson... Alors direction le lac du Pontet, dans l'Oisans, aux portes du massif des Écrins, pour un bivouac en famille. Décor brut et grandiose garanti au bord des eaux émeraude de ce lac perché à près de 2 000 mètres d'altitude au milieu des alpages, où vient se mirer le Grand Pic de la Meije! Au programme : baignade, cache-cache avec les marmottes, nuit magique sous la voûte céleste et courte randonnée jusqu'à l'Aiguillon.

DÉPART
Parking du Chazelet

DÉNIVELÉ
+ 50 m

NIVEAU
Facile

NUIT
Bivouac sous tente

Jour 1 Bivouac

Le Chazelet → Lac du Pontet

Le lac du Pontet se situe à environ 400 m du parking du Chazelet. Une proximité qui permet, si besoin, d'emporter le maximum d'équipement pour une première nuit en montagne très confortable. Le lac et ses alentours sont propices à la balade, pas aux exploits : on y passe l'après-midi à découvrir les alentours, à observer les marmottes gambader, à collecter des têtards ou à plonger dans l'eau fraîche. Et si, par bonheur, le snack-roulotte est ouvert, on peut même s'offrir des crêpes! C'est au soleil couchant, comme l'exige la règle du bivouac, que nous installons notre tente, l'ouverture face à la vallée en prévision du spectacle de l'aube...

DISTANCE
Boucle de 6 km
DÉNIVELÉ
+ 200 m
DURÉE
Env. 2h

Jour 2 Randonnée

Lac du Pontet → L'Aiguillon → Le Chazelet

Réveil matinal enchanteur... Dans l'ouverture de la tente, la Meije et son Grand Pic, à 3983 m d'altitude, prennent toute la place! Après un petit déjeuner au réchaud à gaz, nous plions la tente et ramenons notre équipement à la voiture. De bonnes chaussures de marche aux pieds, nous repartons en direction du lac pour rejoindre l'Aiguillon, une randonnée facile avec peu de dénivelé et un panorama géant comme récompense : en contrebas, serpentant dans la vallée, les eaux tumultueuses de la Romanche et, face à nous, plus belle encore depuis cette hauteur, la reine Meije et ses glaciers étincelants.

CAFÉ ET CHOCOLAT FACE À LA MEIJE...

Esprit d'aventure

Pour s'initier à la via ferrata et aller tutoyer la Meije, rien de mieux que l'itinéraire d'Arsine. Cette voie peu difficile sur les contreforts du massif présente quelques passages aériens et athlétiques, idéal pour débuter et avoir de belles sensations.

↓

www.lagrave-lameije.com/fr/ete/activites/escalade-et-via-ferrata

↓

INFORMATIONS PRATIQUES

Accès

Villar-d'Arêne est à 82 km (env. 1h20) au sud-est de Grenoble par la N85 et la D1091.
En bus : de la gare routière de Grenoble, bus LER35 jusqu'à Villar-d'Arêne, arrêt Les Agneaux (env. 1h45).
Départ du parking du Chazelet, à 3 km au nord de Villar-d'Arêne, via le hameau des Cours (D307).

Restauration

Snack-roulotte du lac du Pontet
Boissons, crêpes, omelettes, tartes, frites, etc.
06 72 19 21 55, 04 76 80 07 78
Juin-15 sept., tlj. 10h-20h

↓

CONSEILS

- Arrivez tôt pour profiter du lieu et bien préparer le campement.
- Matériel : tout pour un bivouac réussi (voir p. 178).

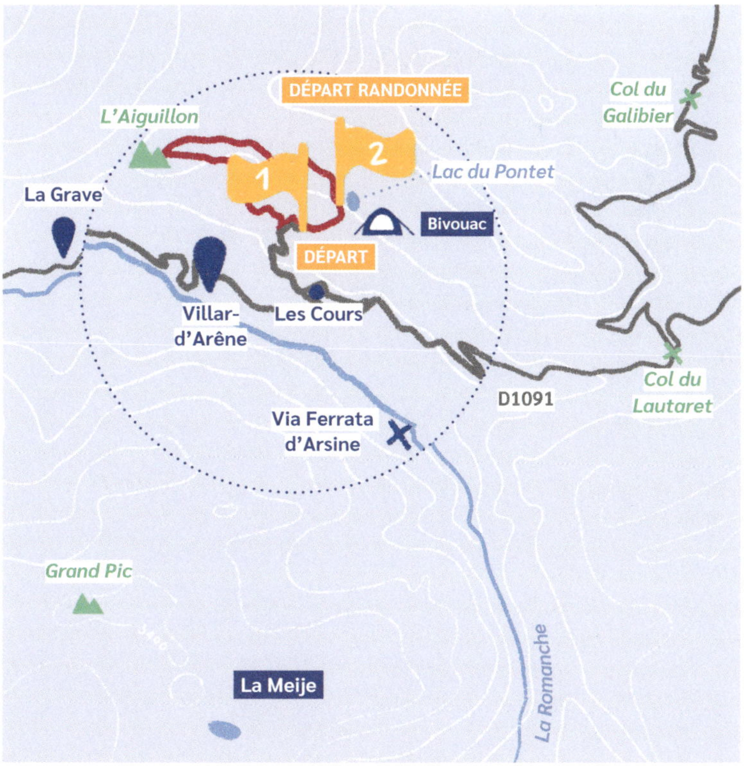

15

Les aventures de Thibault

Refuge dans les Écrins

RANDONNÉE VERS LE GLACIER D'ARSINE ET NUIT EN REFUGE

Un refuge de montagne, c'est une sorte de parenthèse enchantée, l'occasion d'une fugue du quotidien. Pour les enfants, c'est une cabane géante où l'on se régale les papilles et les yeux, tout en côtoyant de près les chamois et les marmottes. À la lisière du parc national des Écrins, au fond d'une douce vallée et à moins de 2h de marche, nous avons trouvé le lieu idéal pour une première nuitée en altitude : le chalet-refuge de Chamoissière. Un couple adorable a rénové cette ancienne bergerie avec des matériaux locaux et écologiques (chanvre, chaux ou mélèze) et propose une expérience hybride, à la fois confortable comme dans un chalet d'alpage et chaleureuse comme dans un refuge d'altitude. On vous le garantit : à peine parti, tout le monde voudra déjà y retourner!

2 jours
À partir de 6 ans

DÉPART
Parking Les Voutes, en contrebas du hameau du Pied du Col

ITINÉRAIRE
GR54

DISTANCE
4 km

DÉNIVELÉ
+ 400 m

DURÉE
Env. 1h45

NUIT
Refuge de Chamoissière

Jour 1

Pied du Col → Refuge de Chamoissière

1

La montée vers le refuge permet de s'immerger petit à petit dans l'ambiance du parc des Écrins, dont les sommets abrupts et sauvages sont ici tempérés par de vastes étendues d'alpages. La Romanche, qui prend sa source non loin, s'échappe de cette forteresse de pierre par une vallée qui constituera l'itinéraire de ce premier jour. Un peu soutenu mais facile et relativement court, il traverse, après le premier raidillon, une prairie alpine où le regard porte sur les grands sommets environnants et leurs glaciers. Et pour motiver les enfants, on a un secret : les marmottes! La prairie les accueille en nombre, elles y ont pris leurs aises et sortent le bout de leur nez au passage des randonneurs. Ainsi, le chemin est un régal et même les plus jeunes avancent facilement, au gré de stratégies d'approche plus ou moins efficaces!

Nous arrivons à destination en moins de 2h. En refuge, il faut arriver tôt, tous les gardiens vous le diront. Cela laisse le temps de profiter de cet instant suspendu si spécifique au lieu : flâner, écrire ses pensées, dessiner les montagnes, parler avec les gardiens, scruter le vol d'un aigle royal ou simplement se réchauffer avec un thé brûlant… Les enfants gambadent partout, courent après les poules, cherchent sans fin le chien du refuge et s'approchent des chevaux. On reste surpris par leur inépuisable énergie. À 18h30, c'est l'heure du repas (le temps aussi est différent en refuge!)

CACHE-CACHE AVEC LES MARMOTTES

et, dans la salle à manger, les plats généreux font oublier la rudesse des bancs. Nous finissons la journée par une partie de Uno endiablée, avant un passage dehors pour admirer le ciel étoilé dépourvu de toute pollution lumineuse... Puis nous filons prendre possession de notre cocon de quatre lits (avec fenêtre, d'où l'on voit gambader les chamois au petit matin). Le silence règne tôt dans la bergerie, il fait bon être réfugié ici.

ITINÉRAIRE
GR54

DISTANCE
12 km (4 km de montée, 8 km de descente)

DÉNIVELÉ
+ 430 m
- 830 m

DURÉE
3h

Jour 2

2

Refuge de Chamoissière → Lac d'Arsine → Pied du Col

Au matin, quand le soleil trouve son chemin à travers les rideaux, le café fumant est déjà sur la table, les alpinistes chevronnés sont partis depuis longtemps et les marmottes ont commencé leur concert de sifflements. Elles gambadent même devant le refuge, ce qui oblige les enfants à courir d'une fenêtre à l'autre afin de pouvoir les observer. Pour cette seconde journée, nous partons crapahuter au-dessus du refuge, en direction du col d'Arsine. Le sentier reste dans la douceur des alpages mais offre des vues sur la haute montagne avec, face à nous, le pic de Neige Cordier (3614 m) et la montagne des Agneaux (3664 m).

On passe à côté du petit lac de l'Étoile, idéal pour observer les têtards, puis, après 1h30 de marche, on arrive au but de la randonnée :

le lac d'Arsine! Plus d'alpages ici, le paysage n'est que rocs, glace et eau. Le lac doit sa couleur laiteuse aux particules minérales en suspension, issues de l'érosion par le glacier… qui, regardez au bout du lac, alimente directement celui-ci!

Le retour dans la vallée par le même chemin est l'occasion de prendre un goûter au refuge. Les marmottes sont toujours là et les enfants bien meilleurs dans leur approche furtive!

« Les pentes se dévalent avec des souvenirs plein la tête et la furieuse envie de tenter, la prochaine fois, une itinérance sur plusieurs jours ! »

Esprit d'aventure

Devenez alpiniste le temps d'une journée, en prenant à La Grave (à 4 km de Villar-d'Arêne), les célèbres téléphériques des glaciers de la Meije. À 3211 m d'altitude, un guide vous emmènera à la découverte des crevasses du glacier de la Girose. La balade est facile et peut se faire en famille (enfants à partir de 7 ans).

↓

Bureau des guides de La Grave
Place du Téléphérique (sur la D1091), à La Grave
04 76 79 90 21
www.guidelagrave.com

INFORMATIONS PRATIQUES

Accès

Sur la route du col du Lautaret (D1091), bifurquez à droite à la sortie est de Villar-d'Arêne, sur la D207 en dir. de Pied du Col. Au bout de la route, passer le refuge du Pas de l'Âne et emprunter la piste carrossable qui part à droite après le pont en bois. Parking Les Voutes 1 km plus loin.

Hébergement

Chalet-refuge de Chamoissière
Vingt places. Demi-pension obligatoire. Autonomie électrique totale et douches chaudes à 2106 m d'altitude!
09 82 12 46 24,
www.chaletrefugedechamoissiere.fr

CONSEILS

- Inutile de vous charger : une brosse à dents, un drap-sac, une lampe frontale et un doudou pour les enfants, tout le reste est disponible au refuge.
- Commandez le pique-nique du lendemain auprès du refuge (réservation la veille).
- Prévoyez un sac de portage pour les enfants de moins de 3 ans.

DANS LE MÊME ESPRIT

→ Refuge d'Avérole (Savoie)

À 2229 m d'altitude, dans un cadre impressionnant de haute montagne, il est pourtant facile d'accès. Idéal pour les familles, car les gardiens proposent des animations tout l'été.

POINT DE DÉPART : Bessans, parking des Vincendières
ACCÈS : 2h pour monter au refuge, mais on peut raccourcir la marche en été avec une navette
DÉNIVELÉ : + 400 m

→ Refuge du Parmelan (Haute-Savoie)

Niché au sommet (1832 m) d'un plateau calcaire rempli de lapiaz. La vue sur le lac d'Annecy est magique.

POINT DE DÉPART : chalet de l'Anglette, à 40 min d'Annecy
ACCÈS : env. 2h
DÉNIVELÉ : + 400 m

→ Refuge du col de la Vanoise (Savoie)

À 2518 m d'altitude, paysages grandioses garantis au pied des plus grands sommets : l'aiguille de la Vanoise, la Grande Casse, etc.

POINT DE DÉPART : Pralognan-la-Vanoise, en haut du téléphérique du Mont-Bochor ou du télésiège des Barmettes
ACCÈS : du sommet du télésiège, compter 2h (3h depuis le sommet du téléphérique)
DÉNIVELÉ : + 600 m (du téléphérique)

→ Refuge du Ruitor (Savoie)

Un ancien chalet d'alpage à 2038 m, au milieu d'un plateau avec une vue magnifique sur les glaciers. La rivière juste devant le refuge comblera les enfants.

POINT DE DÉPART : parking de la Masure via Sainte-Foy-Tarentaise
ACCÈS : 1h40 de randonnée facile
DÉNIVELÉ : + 270 m

16

Les aventures de Thibault

Une nuit en cabane

PREMIÈRE NUIT EN REFUGE NON GARDÉ DANS LE VERCORS

2 jours
À partir de 4 ans

Quoi de plus exaltant que de passer une nuit en famille(s) dans un refuge perdu au milieu des forêts du Vercors? C'est en automne qu'on aime aller y prendre le grand air, quand les arbres se colorent et que le refuge est promesse de chaleur autour du poêle. Dans la forêt des Coulmes, ce refuge non gardé, rustique, ravira les envies de déconnexion des parents et les rêves d'aventure des enfants.

DÉPART Parking de La Siva	**DURÉE** Env. 20 min
DISTANCE 1,5 km	**NUIT** Refuge de la Goulandière

Jour 1 Nuit en refuge

La Siva → Refuge de la Goulandière

1

Le parking se trouve près d'un grand bâtiment abandonné, une ancienne école, et le chemin part de l'autre côté de la route. La marche jusqu'au refuge est très courte et en descente. Laissez les enfants arriver en premier dans la clairière, inattendue : y trônent les ruines d'un hameau abandonné au milieu du 20e siècle. Au centre, un refuge de pierre encore debout, qui sera notre logis pour la nuit. Derrière la porte, qui ferme mal, la salle principale accueille l'équipée avec deux grandes tables centrales et un poêle (récent) pour passer la soirée au chaud. À l'étage d'un frêle escalier, une pièce sous le toit fait office de chambre à coucher (elle accueille jusqu'à 12 personnes). La journée se termine devant le soleil, qui passe en douceur derrière les cimes des arbres, alors que le silence de la nuit envahit la clairière. Après une bonne croziflette réchauffée à même le poêle, on sort admirer le ciel étoilé... avant de monter nous coucher, le cœur et l'estomac bien remplis.

« Les enfants poussent la porte avec impatience pour découvrir ce qui se cache dans cette cabane grandeur nature. »

→ IDÉE RECETTE

Que diriez-vous d'une croziflette à réchauffer au refuge ? Un plat de fromage fondu, c'est la tradition en montagne !

CROZIFLETTE POUR 4 PERSONNES

1 boîte de crozets de Savoie au sarrasin
1 reblochon fermier
1 gros oignon
1 paquet de lardons fumés
50 cl de crème liquide

1. Faire cuire séparément les crozets et les lardons avec les oignons émincés.
2. Mélanger le tout avec la crème. Saler, poivrer et verser dans un plat allant au four.
3. Gratter légèrement la croûte du reblochon, le couper en deux dans le sens de l'épaisseur et le déposer sur les crozets, croûte vers le haut.
4. Faire gratiner au four jusqu'à ce que la croziflette prenne une belle couleur !

Astuce : choisir un plat à gratin relativement léger, de manière à pouvoir y transporter la croziflette et poser le plat directement sur le poêle du refuge pour réchauffer votre repas !

DISTANCE
Env. 3 km
DÉNIVELÉ
+ 160 m
DURÉE
Env. 45 min

Jour 2 Randonnée

Refuge de la Goulandière → Belvédère du Ranc → La Siva

Au petit matin, le froid a pris possession des lieux. Nous commençons par faire bouillir l'eau, puis l'odeur du café et du chocolat chaud finit de sortir les derniers récalcitrants de leur duvet, juste au moment où la pièce commence à se réchauffer ! La vie reprend petit à petit dans la cabane… Une fois celle-ci nettoyée pour laisser la place propre et accueillante aux suivants, et les affaires rangées et regroupées pour ne pas encombrer le refuge, nous prenons la direction du belvédère du Ranc, 1 km plus bas. Le chemin nous fait passer par d'autres ruines, avant que la forêt ne s'ouvre sur une vue à couper le souffle sur les gorges de la Bourne. Nous prenons enfin le chemin du retour en revenant sur nos pas, pour reprendre nos affaires au refuge et clôturer ce week-end ressourçant en pleine nature.

GORGES DE LA BOURNE

INFORMATIONS PRATIQUES

Accès

Le lieu-dit La Siva est situé à env. 60 km à l'ouest de Grenoble. On le rejoint par la D531 ; avant Rencurel, bifurquer sur la D35, puis emprunter la route forestière de Prélétang (fermée aux premières neiges), entre Presles et Rencurel ; parking au lieu-dit La Siva, en dessous du col de Prélétang.

Hébergement

Refuge de la Goulandière
Un refuge non gardé où il n'y a ni eau, électricité ni matelas. Mais un poêle à bois. Arrivez tôt pour occuper l'espace et, selon la saison, réchauffer la pièce principale. Si d'autres visiteurs arrivent, il faudra faire de la place : ce refuge est ouvert à tous !

CONSEILS

• Attention, on est à 1 015 m d'altitude, il peut vite faire froid hors saison.

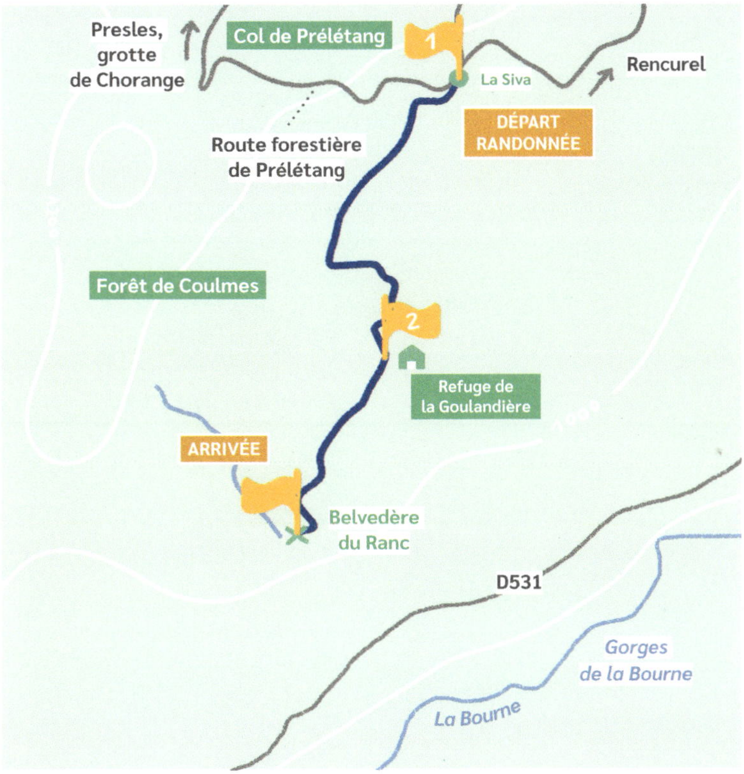

DANS LE MÊME ESPRIT

Cette nuit en cabane est évidemment transposable partout en France! Cherchez votre refuge non gardé ou une cabane près de chez vous sur le site www.refuges.info

→ Refuge du Brézouard (Haut-Rhin)

Ce refuge se situe dans une tout autre région, au cœur du massif des Vosges, également très propice à de belles nuits en cabane. Géré par le Club vosgien, l'abri compte un poêle récent, une grande table et un bel extérieur avec une table. Il peut y avoir du monde le week-end.

6 couchages (lits de camp).

ACCÈS : Sainte-Marie-aux-Mines (15 km au nord) ou col du Bonhomme (11 km au sud)
ALTITUDE : 1 200 m

17

Les aventures
de Thibault

Quatre montagnes sur un plateau

UN PETIT TOUR DU VERCORS À VÉLO ÉLECTRIQUE ET À PIED

À l'ouest de Grenoble, entre Autrans-Méaudre et Villard-de-Lans, le Vercors déploie de hauts plateaux piqués de prairies grasses et ourlés de montagnes boisées. Bienvenue dans la région des Quatre Montagnes, destination sportive et nature de choix, et terrain idéal pour de douces aventures en famille! À l'image de ce minitour du plateau à vélo, sur la ViaVercors, entre bocage, forêts de pins et gorges fraîches, qui s'achève par une randonnée au pas de l'Œille, à près de 2000 mètres d'altitude, pour observer bouquetins et marmottes. Deux jours au plus près de la nature, en profitant de l'assistance électrique pour permettre aux enfants de vous suivre partout.

2 jours
À partir de 8 ans

Jour 1 Randonnée à vélo

Boucle de 22 km au départ de Méaudre

1

ITINÉRAIRE
Voie verte et routes forestières

DISTANCE
22 km

DÉNIVELÉ
+ 500 m

DURÉE
Env. 2h

NUIT
Écogîte La Couve

Une fois les vélos électriques récupérés auprès du loueur, nous quittons Méaudre vers le nord, en direction d'Autrans, via la ViaVercors, la voie verte qui relie les communes du plateau. À la sortie du village, on découvre les paysages typiques de fermes et de pâturages où paissent des troupeaux de villardes, ces robustes vaches montagnardes dont le lait produit le savoureux bleu du Vercors. C'est l'occasion de s'arrêter dans une ferme pour une petite dégustation. À l'ouest et à l'est, le regard bute sur les hautes falaises fermant le plateau, d'où dégringole en douceur un épais manteau de sapins, d'épicéas et de hêtres. Ce chemin des bois, que nous rejoignons au niveau du camping des Eymes, s'élève en lacet jusqu'au Trou-qui-Souffle, l'une des entrées du réseau de galeries souterraines long de 50 km qui parcourt tout le plateau. Le chemin zigzague à flanc de montagne dans la forêt de Rivel, croise les pistes de ski de Méaudre, où l'on peut faire une expérience de voltige inoubliable sur la tyrolienne géante de Zipline Vercors (voir Esprit d'aventure), avant de rejoindre le refuge des Narces, destination bien connue des amateurs de tarte aux myrtilles sauvages… Après avoir exploré à pied la forêt des Narces, au-dessus du refuge, où l'on peut pister les animaux sauvages, nous redescendons sur Méaudre,

puis filons jusqu'à l'écogîte La Couve, véritable petite maison dans la prairie, où nous passons la nuit.

DANS LA FORÊT DES NARCES, SUR LA PISTE DES ANIMAUX SAUVAGES

Esprit d'aventure

Embarquez pour une expérience de glisse aérienne sensationnelle grâce à la tyrolienne géante de Zipline Vercors : 1250 m de long, 250 m de dénivelé et jusqu'à 70 km/h! L'arrivée de la tyrolienne se situe au départ du télésiège du Gonçon : pratique, pour remonter en un clin d'œil récupérer les vélos! Résa en ligne conseillée.

↓

Zipline Vercors
Méaudre www.autrans-meaudre.com
(rubriques « été » et « activités »)

Partez à la découverte de la forêt des Narces avec un accompagnateur Nature et Patrimoine, un guide malin qui vous mènera au cœur de la forêt à la recherche de plantes comestibles et sur la trace des animaux.

↓

Accompagnateur Nature et Patrimoine :
Laurent Caillot, Écogîte La Couve
Méaudre, 04 76 88 01 46, 06 81 32 79 96,
www.gites-en-vercors.com/sejours-de-randonnee,
www.accompagnateurs-vercors.com

À VÉLO
DISTANCE
14 km
DÉNIVELÉ
+ 400 m
DURÉE
Env. 1h

À PIED
DISTANCE
4 km AR
DÉNIVELÉ
+ 150 m
DURÉE
Env. 1h
RESTAURATION
Altitude 2000

Jour 2 Randonnées à vélo et à pied

2

Méaudre → Le balcon de Villard → Le pas de l'Œille

La journée débute par la traversée à vélo des gorges du Méaudret, d'abord sur la ViaVercors, puis sur des pontons qui serpentent autour de la rivière et des zones humides. Profitez-en pour faire une pause et laisser les enfants tremper leurs pieds ou même pêcher à la mouche (avec permis). Une fois sorti de cette sublime zone de tranquillité, on file vers Villard-de-Lans en suivant le cours de la Bourne, puis celui du Corrençon, jusqu'au balcon de Villard. Après avoir attaché les vélos, nous embarquons dans la télécabine de la Cote 2000 pour rejoindre le point de départ de la randonnée du pas de l'Œille, situé à 1700 m d'altitude. Du sommet, il faut alors basculer sur le versant est, dans la combe du Clot d'Aspres, une vaste zone de lapiaz, minérale et brute, striée par le ruissellement des eaux. C'est dans ce creux rocailleux que vous aurez le plus de chance d'observer des marmottes gambader. Poussez 850 m plus loin et vous voilà au pas de l'Œille (1960 m d'altitude), entre les arêtes du Gerbier et la Grande Moucherolle. C'est le territoire du bouquetin, que l'on observe, de préférence avec des jumelles, en hardes de mâles ou de femelles uniquement... Le retour se fait par le même chemin. L'aventure s'achève en bas de la télécabine, où un prestataire peut embarquer passagers et vélos pour rejoindre Méaudre. À moins que vous ne préfériez rentrer à vélo, histoire d'admirer encore une fois les gorges du Méaudret.

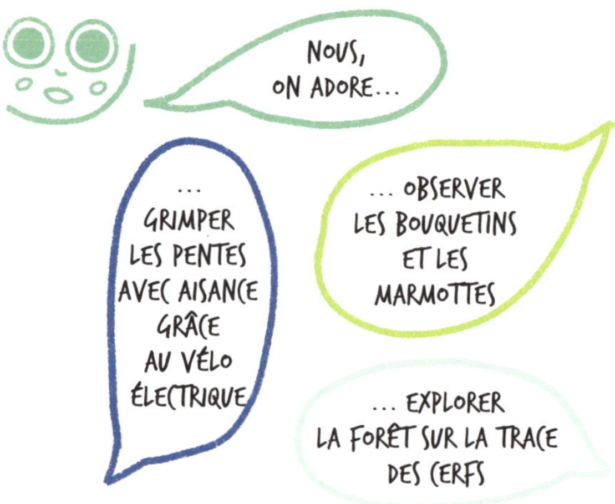

INFORMATIONS PRATIQUES

Accès

Gares de Grenoble (TGV, TER) ou de Valence (TGV, TER).
Trajet jusqu'à Méaudre en voiture ou en bus
www.carsisere.auvergnerhonealpes.fr

Hébergement

Écogîte La Couve
Les Griats, Autrans-Méaudre
06 81 32 79 96, www.gites-en-vercors.com

Restauration

Refuge des Narces
Un refuge secret à l'accueil chaleureux.
Excellente tarte aux myrtilles.
Méaudre
06 21 25 53 90, www.refugedesnarces.com

Ferme de la Bourrière
Visite de la ferme et de la fromagerie (mer., ven.-sam. 17h-19h), boutique (lun.-sam. 9h-11h, mer. ven.-sam. 17h-19h).
Bleu du Vercors, tomme, saint-marcellin.
Méaudre
04 76 94 27 02,
www.ferme-de-la-bourriere.fr

Altitude 2000
Au sommet de la télécabine, à 1 720 m d'altitude, un restaurant avec une belle vue sur les sommets du Vercors.
Villard-de-Lans
07 60 58 22 87, www.villarddelans-correnconenvercors.com

Location d'équipement

Cycles et Co
Location de vélos classiques et électriques (VTT).
Méaudre
04 76 95 20 44, www.cyclesetco.fr

CONSEILS

- Cette aventure peut être réalisée avec des enfants très jeunes à condition d'avoir le bon équipement. À vélo : remorque (2-4 ans), vélo suiveur ou barre de traction (5-8 ans), vélo électrique à partir de 9-10 ans. À pied : porte-bébé de randonnée (18 mois-4 ans).
- Après la randonnée au pas de l'Œille, profitez du service de transport de vélos disponible sur le plateau du Vercors pour revenir à Méaudre sans refaire tout l'itinéraire : Altitude Taxi
06 85 42 40 66, www.altitude-taxi.com

18

Les aventures de Thibault

Fenêtre sur le Vercors

BIVOUAC ET PETITE RANDONNÉE FACE AU MONT AIGUILLE

2 jours
À partir de 5 ans

Perché sur un mont, ce bivouac réserve une vue panoramique sur la barrière du Vercors, là où elle est sûrement la plus impressionnante : au pied du Grand-Veymont, face au mont Aiguille. On vous fait sortir des sentiers battus, dans un lieu où l'on ne croise guère que des vaches paissant tranquillement… La Voie lactée fera briller les yeux des enfants et la randonnée est une boucle sans difficulté. Parfait pour un premier bivouac!

DISTANCE
Env. 1 km

DURÉE
Env. 20 min

DÉNIVELÉ
+ 150 m

NUIT
Bivouac

Jour 1 Bivouac

Le Puits (Gresse-en-Vercors)
→ Somme Longue

Du lieu-dit le Puits, un sentier monte en pente douce sur la droite de la route (panneau « chasse gardée » et indications sur les alpages). Après 15 min de marche, il traverse un petit ruisseau et débouche sur une prairie d'alpage ouverte sur le mont Aiguille. Nous prenons sur la droite en direction de la petite montagne de Somme Longue, dont on atteint le sommet en 5 min. Sous celui-ci, une longue bande herbeuse accueillera les tentes. Côté nord, on aperçoit le village de Gresse. Laissez les enfants crapahuter jusqu'au sommet pour embrasser le Vercors à 360°. Et n'oubliez pas de placer l'ouverture de la tente face au mont Aiguille, pour un réveil avec vue!

DISTANCE
Env. 6 km

DÉNIVELÉ
+ 230 m
- 380 m

DURÉE
Env. 2h

Esprit d'aventure

Pour côtoyer les oiseaux de plus près, l'école de parapente Alvéole propose des vols au-dessus de Gresse-en-Vercors (à partir de 5 ans). Si vous êtes bien organisé et que les conditions météo le permettent, vous pourrez même donner rendez-vous au prestataire directement au pas du Serpaton (Jour 2) pour descendre dans la vallée en volant !

↓

Alvéole Parapente
Les Bayles, Le Monestier-du-Percy
07 81 74 08 97,
www.alveole-parapente.com
Avr.oct.

VUE SUR LE TRIÈVES ET LA CHAÎNE DU DÉVOLUY

Jour 2 Randonnée

Somme Longue → Pas du Serpaton → Le Puits

Si, comme nous, vous partez léger (voir nos conseils), toute la troupe peut prendre le chemin qui, au pied du bivouac, grimpe jusqu'au rocher du Baconnet. Le sentier pique plein nord, s'élevant tranquillement sur la montagne, le long de la crête, jusqu'au pas du Serpaton, où l'on rejoint la route. De là-haut, vue imprenable sur tout le côté est : la Matheysine, les Écrins, le Trièves et Le Dévoluy. Prenez la route (peu fréquentée) pour rallier le Puits, point de départ de cette aventure.

INFORMATIONS PRATIQUES

Accès

Gresse-en-Vercors est situé à 49 km au sud de Grenoble via l'autoroute A51.
À l'entrée nord de Gresse (D8A depuis Grenoble), prendre à g., dir. Uclaire, le Puits. Se garer dans le virage en épingle juste après le Puits (2-3 voitures maximum). Départ du chemin sur la droite.

Restauration

Le Serpaton
Petit bistrot. Pour la vue sur la randonnée du jour.
Gresse-en-Vercors
04 76 34 28 27,
www.facebook.com/leserpaton

La Chicholière
Plus gourmand.
Gresse-en-Vercors
04 76 34 33 70,
www.lachicholiere-gresseenvercors.com

CONSEILS

- Pour faire la randonnée du second jour sans porter les affaires du bivouac, déposez-les à votre véhicule avant de prendre le départ vers le pas du Serpaton (30 min AR).

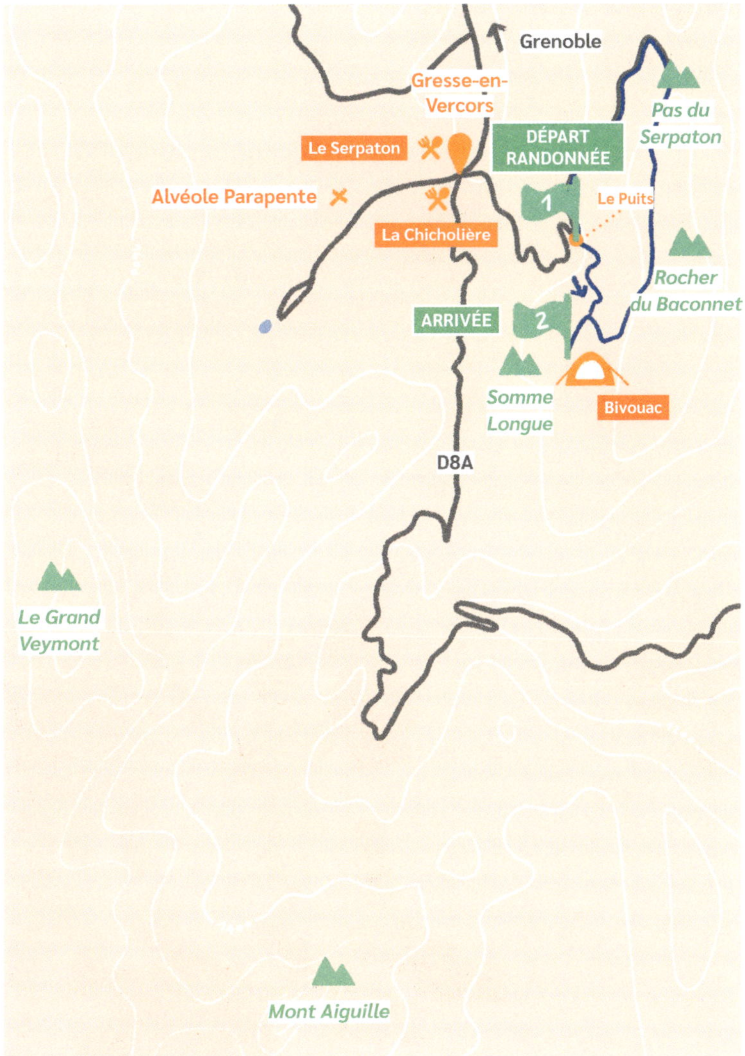

19

Les aventures
de Thibault

La vallée du silence

DU VALBONNAIS AU VALJOUFFREY
AU PAS DE L'ÂNE

On entre dans la vallée du Valbonnais comme on entre dans une cathédrale. Elle inspire le silence. Ici, point de tourisme de masse, nous sommes dans un univers préservé où les fermes traditionnelles et les vastes prairies de pâturage s'étalent au pied des hauts sommets du parc national des Écrins. Un pays encore secret, que nous avons parcouru au pas de l'âne et à l'allure des enfants, pour en apprécier encore plus le caractère authentique. Nous vous emmenons le long des canaux d'irrigation historiques qui traversent le Valbonnais et le Valjouffrey, pour rejoindre un petit bout du monde, la cascade de la Pisse. Trois jours de dépaysement, de calme et de déconnexion pour toute la famille.

3 jours
À partir de **4** ans

DISTANCE
13 km

DÉNIVELÉ
+ 420 m

DURÉE
Env. 4h

NUIT
Bivouac ou Tipi de Valjouffrey

Jour 1

Valbonnais → Valjouffrey

Le rendez-vous est donné dans le pré de l'association Lou Pa de l'Aze, où paissent paisiblement les ânes à partir de la fin du printemps. Après les explications de rigueur et le chargement des affaires pour ces trois jours d'aventure, nous partons le long du canal des Moines, qui amène l'eau des montagnes dans la vallée depuis plus de 150 ans. Le chemin à flanc de montagne est quasiment plat et nous amène rapidement au village d'Entraigues, que nous traversons pour entrer dans la vallée de la Bonne, creusée par la rivière éponyme. Nous la suivons en direction de Valjouffrey. Une pause pique-nique ou quelques lancés de pêche à la mouche ne se refusent pas dans ce cadre idyllique au bord de l'eau. On rejoint ensuite le hameau du Villard, où l'on prend pied sur un autre canal historique, celui de Beaumont, qui remonte la vallée, de plus en plus encaissée. L'étape du jour se fera au village de Valjouffrey, soit en bivouac soit dans un tipi (unique) en pleine forêt qui accueille les visiteurs pour la nuit. Dans tous les cas, il faut cuisiner son repas dans la nature ou bien revenir un peu sur ses pas pour trouver un restaurant dans le village.

AU RYTHME DE L'ÂNE

DISTANCE
7 km

DÉNIVELÉ
+ 330 m

DURÉE
Env. 2h

NUIT
Bivouac ou gîte Les Arias

Jour 2

Valjouffrey → Désert-en-Valjouffrey

Au petit matin, après avoir pris soin de l'âne, ce dont les enfants raffolent, nous passons sur le versant sud de la montagne, plus ensoleillé donc plus chaud, le long du canal de la Douy. On le quittera quelques kilomètres plus loin pour suivre le seul cours d'eau qui trouve sa place dans ce fond de vallée, la rivière de la Bonne, qui est ici un fougueux torrent de montagne. La vallée débouche au Désert-en-Valjouffrey, un village préservé, perdu au bout de la vallée et entouré de montagnes frôlant ou dépassant les 3000 m. On aperçoit le bas du glacier du Grand Vallon, tout au fond de la vallée, qui brille et s'embrase au soleil couchant. Nous voici aux portes du parc national des Écrins.

DISTANCE
7 km AR

DÉNIVELÉ
+ 220 m

DURÉE
Env. 2h

Jour 3

Désert-en-Valjouffrey → Cascade de la Pisse → Désert-en-Valjouffrey

Pour cette dernière journée, nous rejoignons le chemin de l'ancien canal des Charmettes, qui traverse des alpages parsemés l'été de balles de foin. On longe alors la vertigineuse face nord de l'aiguille des Marmes, dont des torrents dégringolent jusque dans la vallée sur 700 m de parois verticales. De plus petites cascades font de l'œil aux enfants et sont le prétexte à quelques détours, mais l'objectif du jour est tout au fond de la vallée, à 1400 m d'altitude : la

Esprit d'aventure

Valbonnais se targue d'un petit plan d'eau bordé de pelouses, très agréable l'été lorsqu'il fait chaud. On y trouve une base nautique où il est possible de louer paddles, canoës et kayaks. Vous pourrez même descendre la rivière que vous avez remontée lors de la randonnée !

↓
www.asbelsports-loisirs.fr
www.wildsportadventure.com

fameuse cascade de la Pisse. Idéale pour rafraîchir totalement enfants et adultes! Au-delà, c'est la haute montagne, le domaine des marmottes, des chamois et des alpinistes à l'attaque de l'Olan (3564 m), qui nous fait face maintenant. Il est l'heure de revenir sur nos pas pour rejoindre Désert-en-Valjouffrey, où l'on quittera les ânes, récupérés par leur éleveur, pour la plus grande tristesse des enfants, qui auront vécu une belle histoire en compagnie de cet animal, pas si têtu qu'on le dit!

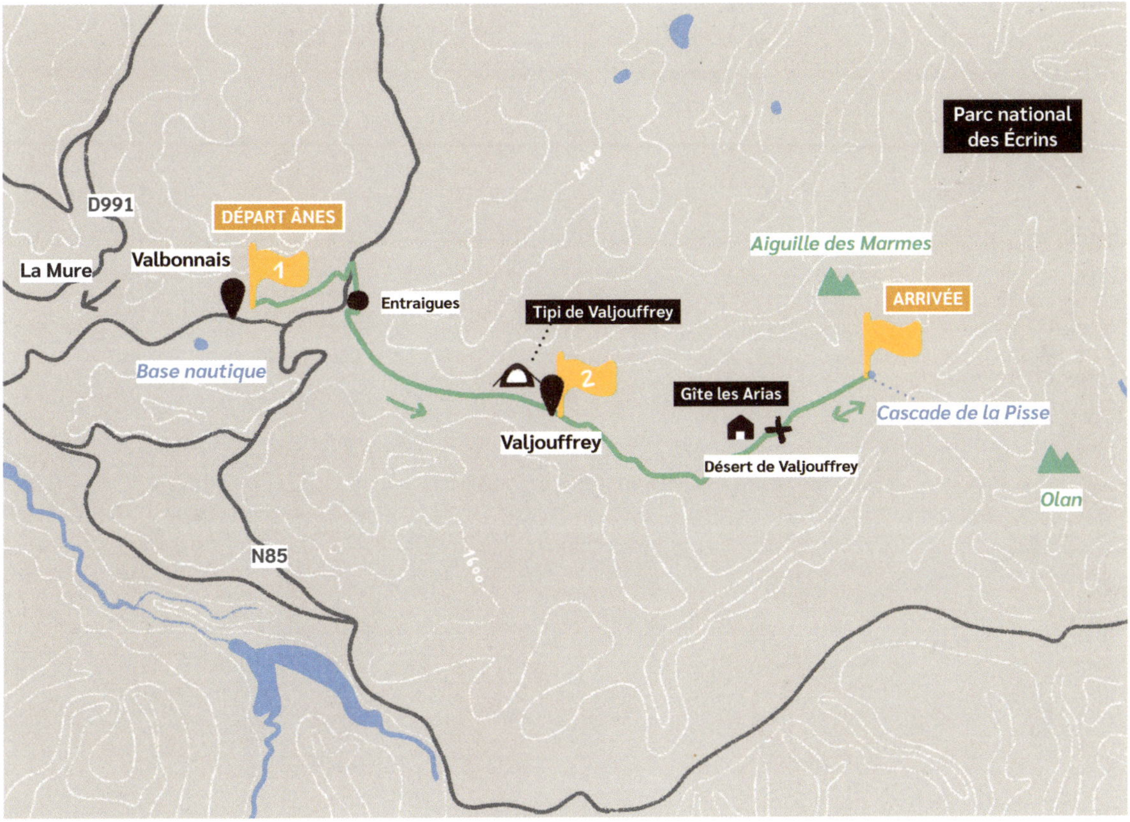

INFORMATIONS PRATIQUES

Accès

Le village de Valbonnais se situe à env. 50 km au sud de Grenoble. En transports en commun : train entre Grenoble et La Mure, puis bus MUR18.

Hébergements

Le Tipi de Valjouffrey
Attention tipi unique, réservez!
La Chapelle, Valjouffrey
04 76 30 45 72

Gîte Les Arias
Un gîte communal, dans une ancienne école!
Le Désert-en-Valjouffrey
04 76 30 14 96 www.lesarias.fr

Restauration

Le Coin perdu
Cuisine authentique et raffinée à base de produits frais et locaux
151, route du Périment, La Chapelle, Valjouffrey
04 76 30 23 42

Trouver les ânes

Association Lou Pa de l'Aze
À la sortie du hameau de Péchal, Valbonnais
06 09 27 05 76,
johann.masnada@gmail.com

CONSEILS

- Pour plus de connexion avec la nature, optez pour l'option bivouac : l'ensemble de l'itinéraire est réalisable ainsi assez facilement, car l'âne peut porter jusqu'à 50 kg de bagages (enfants inclus) et les espaces sont nombreux pour planter la tente.
- L'itinéraire est aussi réalisable en 2 jours, le 3e jour étant un aller-retour.
- N'oubliez pas que l'âne ne porte pas les enfants en permanence, que les plus grands seront trop lourds, et les plus petits pas assez stables une fois assis dessus. Prévoyez donc de les faire marcher (ou de porter les plus petits).

20

Les aventures
de Thibault

Toujours plus haut

UN PREMIER 3 000 MÈTRES EN FAMILLE DANS LE MERCANTOUR

Aux portes du parc national du Mercantour, là où la haute montagne se mêle à la douceur de la Provence, à deux pas des sources du Verdon, se trouve l'un des sommets de plus de 3000 mètres les plus facilement accessibles des Alpes : le mont Pelat. L'idéal pour s'initier à l'altitude et à son paysage minéral, tout en profitant de l'accueil chaleureux d'un refuge et de la beauté du plus grand lac de montagne d'Europe, le lac d'Allos. Les amoureux de montagne ont toujours cherché à aller plus haut, et l'attrait des sommets a bâti l'histoire de l'alpinisme. Pour un enfant, faire son premier 3000 est un symbole fort, qui le marquera à coup sûr et – qui sait – lui donnera le goût de l'aventure.

2 jours
À partir de 9 ans

DISTANCE
2 km

DÉNIVELÉ
+ 160 m

DURÉE
Env. 40 min

NUIT
Refuge du lac d'Allos

Jour 1 Nuit en refuge

Parking du Laus → Refuge du lac d'Allos

1

Pour gravir le mont Pelat et ses « presque » 1000 m de dénivelé, il est essentiel d'y aller tranquillement. Nous décidons d'aborder cette aventure en passant une première nuit à moins de 1h de marche du parking, dans le très accessible refuge du lac d'Allos. Le repaire parfait pour observer la riche faune sauvage du parc; il n'est pas rare, en effet, de voir détaler une marmotte, d'apercevoir au loin chamois et bouquetins, ou de voir passer un aigle royal. Le reflet des montagnes à la surface du lac y est captivant; on vous conseille, d'ailleurs, si vous arrivez tôt au refuge, d'entreprendre le tour du lac (comptez 1h, en terrain plat). À 19h pétantes, la cuisine familiale et copieuse du refuge donnera des forces à tous pour l'ascension du lendemain, car, si le mont Pelat est un 3000 facile, c'est tout de même une belle et longue randonnée qui attend les enfants. Mais avant le dodo et une fois la nuit tombée, on profite de la faible pollution lumineuse pour sortir observer les étoiles!

→ IDÉE RECETTE

Une grosse aventure en perspective ? Il faut prévoir de quoi remonter le niveau d'énergie des troupes !

BARRES SANS COUP DE BARRE

100 g de flocons d'avoine
15 g de riz soufflé (au chocolat ou pas)
25 g de pétales de maïs (des corn flakes !)
30 g d'amandes
30 g de noisettes
60 g d'abricots secs
60 g de beurre
80 g de miel
1 pincée de sel

1. Faire fondre le miel et le beurre à feu doux.
2. Hacher noisettes et amandes, couper les abricots secs.
3. Mélanger les ingrédients secs et écraser un peu les pétales de maïs.
4. Ajouter miel et beurre et bien mélanger.
5. Verser dans des moules, selon ce que vous avez de disponible chez vous (sinon utiliser du papier cuisson).
6. Bien tasser au fond, prévoir une hauteur de barre de 1 cm environ.
7. Cuire 10-15 min à 180 °C, jusqu'à ce que les barres aient une belle couleur dorée.
8. Laisser refroidir, placer 1h à 2h au réfrigérateur avant de démouler.

Vous êtes gourmand ? Faites fondre du chocolat et trempez-y le dessous des barres ! Vous pouvez aussi diversifier les fruits secs...

DISTANCE
10 km AR
DÉNIVELÉ
+ 790 m
DURÉE
Env. 7h

Jour 2 Randonnée

Refuge du lac d'Allos → Mont Pelat → Parking du Laus

C'est le grand jour. Nous nous levons tôt pour éviter les fortes chaleurs et le soleil de l'après-midi. Le chemin serpente dans la forêt au-dessus du refuge et traverse rapidement le ruisseau du ravin de Méouille sur un joli pont de bois (l'itinéraire est bien balisé). La pente commence petit à petit à se raidir et les mollets chauffent pour tout le monde. On entre progressivement dans un monde minéral où les pierres remplacent les fleurs des alpages. Dans la combe du Pelat s'ouvre une vaste prairie inclinée, que le sentier parcourt en de grands lacets. Le sommet apparaît enfin et donne plus de caractère à notre entreprise, ainsi qu'une motivation supplémentaire pour les enfants. En contrebas, la vue sur le lac d'Allos est prodigieuse. Passé 2700 m d'altitude, le paysage est presque lunaire et ce ne sont que pierres à perte de vue. Pourtant, le chemin reste facile et monte de manière régulière vers l'impressionnante crête du mont Pelat.

À partir de là, on arrive rapidement sous le sommet, que le sentier contourne par la gauche dans un méandre de rochers un peu plus techniques, mais qui viennent pimenter l'aventure. Pour donner encore plus d'ampleur à ce moment, nous laissons les enfants passer devant pour les derniers mètres et atteindre le sommet en premier. C'est emplis de fierté qu'ils embrassent le panorama que l'on a du haut de ces 3051 m : l'Ubaye au nord, les sommets italiens à l'est, et même la Corse par beau temps ! Le pique-nique avalé, nous dévalons la montagne avec prudence et guettons le vol des vautours fauves du Verdon. Nous finissons par retrouver les vertes pelouses alpines, couvertes de lys martagon et d'edelweiss, qui nous ramènent au point de départ...

LA MONTAGNE À L'ÉTAT PUR !

INFORMATIONS PRATIQUES

Accès

À la sortie sud d'Allos, prendre la D226 en dir. du lac d'Allos jusqu'au parking du Laus, point de départ de cette aventure. L'été, accès au parking payant et restreint : navettes au départ d'Allos (renseignement auprès du refuge du lac d'Allos ou de l'office de tourisme).

Hébergement

Refuge du lac d'Allos
Couchage en dortoir. Ni électricité, ni eau courante. Confort sommaire. Demi-pension, pension complète, panier-repas : à réserver la veille.
Mi-juin (selon l'enneigement)-oct.
04 92 83 00 24, www.refugedulacdallos.com

CONSEILS

- Attention, randonnée sans difficultés techniques mais longue et comportant un fort dénivelé (près de 1 000 m) : à réserver aux enfants de plus de 8 ans habitués à la marche. Pour les enfants en bas âge, prévoir un sac de portage.
- Évitez de donner un sac à dos aux plus petits si vous voulez qu'ils arrivent au sommet.
- Prévoyez un pique-nique mais aussi de quoi vous alimenter et vous hydrater au cours de la randonnée.

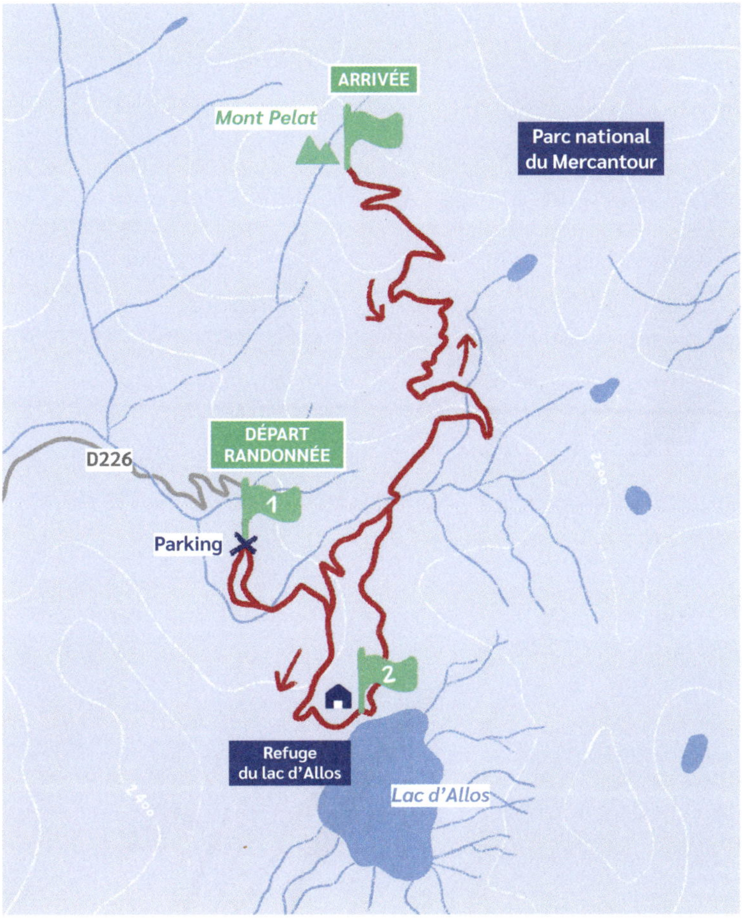

DANS LE MÊME ESPRIT

→ La pointe des Fours (3 072 m) - Vanoise

À l'entrée du parc de la Vanoise, la pointe des Fours invite à une belle et courte randonnée dans un univers minéral de haute montagne. Hormis un passage où il faut poser les mains, aucune difficulté technique pour ce sommet. Il n'est pas rare d'y croiser chamois et marmottes.

POINT DE DÉPART : parking du pont de la Neige, Bonneval-sur-Arc (Savoie)
DÉNIVELÉ : + 550 m
DISTANCE : 6 km (env. 3h)

→ Le Pain de Sucre (3 138 m) - Queyras

Une randonnée très courte d'à peine 3h, parfaite avec des enfants, pour goûter au monde de l'altitude sans trop d'efforts. En haut, le point de vue entre les Alpes françaises, italiennes et suisses est inoubliable.

POINT DE DÉPART : parking du refuge Agnel, Molines-en-Queyras (Hautes-Alpes)
DÉNIVELÉ : + 569 m
DISTANCE : 6 km (env. 3h)

21

Les aventures de Johanna

Dentelles et mousquetons

DEUX JOURS DE RANDONNÉE ET D'ESCALADE AUX DENTELLES DE MONTMIRAIL

Avec sa silhouette mythique et ses points de vue spectaculaires sur la vallée, le mont Ventoux voisin leur vole souvent la vedette; pourtant, les Dentelles de Montmirail justifient à elles seules un séjour dans le Vaucluse. Cela tombe bien : ce petit massif montagneux constitué de falaises de calcaire est une destination idéale pour randonner à travers les vignes et s'initier à l'escalade.

2 jours
À partir de 7 ans

DISTANCE
12 km

DÉNIVELÉ
+ 490 m

DURÉE
5h

NUIT
Gîte d'étape des Dentelles

Jour 1 Randonnée

Gigondas → Tour sarrasine → Gigondas

Pour rejoindre les Dentelles, direction le centre du village de Gigondas, où il faut emprunter le GR de pays (balisé rouge et jaune) en direction du col du Cayron. Plusieurs sentiers permettent de découvrir le massif en serpentant à travers les vignobles. Car les bons vins ne manquent pas sur cette terre choyée presque toute l'année par le soleil (Gigondas donc, mais aussi Vacqueyras ou Beaumes-de-Venise) et les vignes agencent un épatant terrain de jeu pour des marches en famille.

Nous optons pour une boucle qui a pour but la tour sarrasine, et déploie de superbes vues avant de revenir au village. On laisse le chemin du col du Cayron pour prendre plein sud vers le col d'Alsau, avant d'atteindre les vestiges de la tour sarrasine qui, au Moyen Âge (quand les Sarrasins occupaient la Provence), servait de tour d'observation. Et c'est vrai qu'il y en a, des trésors, à voir tout au long de la promenade : le mont Ventoux, la plaine du Comtat Venaissin, la vallée du Rhône, etc.

Esprit d'aventure

Envie de prendre à nouveau de la hauteur? À Mormoiron (30 km à l'est de Gigondas), le parc accrobranche Ventoux Aventure continuera de faire grimper vos enfants, cette fois-ci dans les arbres! L'un d'eux a même été pensé pour les plus petits (à partir de 3 ans).

↓
www.ventouxaventure.com

À Bédoin, les plus jeunes marcheurs ont aussi leur randonnée : accompagné d'un conte écrit par les enfants, le « sentier des Pitchouns » invite à découvrir, sur 2,5 km, la faune et la flore de la forêt de Perrache.

↓
Départ du parking du Jas des Melettes (à 13 km de Bédoin en direction du mont Ventoux)

Jour 2 Escalade

Dentelles de Montmirail

Pour cette seconde journée, nous reprenons la direction des Dentelles avec une nouvelle ambition. Et si on grimpait, cette fois? Le massif, avec ses 800 voies qui s'élèvent sur une centaine de mètres, est prisé des amateurs d'escalade. Rapidement accessibles, les voies ont l'avantage d'être praticables toute l'année, face nord comme sud (selon le moment). Si vous êtes en autonomie, vous n'aurez que l'embarras du choix : si les cotations 5 à 7 sont légion, les voies faciles ne manquent pas non plus. Avec vos enfants, optez pour le Rocher École près du col du Cayron, par exemple, ou pour la Combe Obscure, à Bédoin. Pour les novices, bonne nouvelle : des initiations sont régulièrement organisées à la demande. Sur le parking du Gîte des Dentelles, nous retrouvons Régis, un guide de haute montagne qui encadre des sorties depuis trente ans en s'adaptant au niveau et à l'âge des participants. Avec lui, nous découvrons les bases de la discipline, nous familiarisons avec le matériel. Comprendre le geste, trouver l'équilibre, sentir son corps, chercher les aspérités dans la roche, s'appuyer sur la pointe des pieds : l'apprentissage est complet. Et au sommet, quelle récompense... La vue sur la plaine et les vignobles, la brise sur nos épaules, les odeurs de thym : pas de doute, ces dentelles valent la chandelle!

UNE VUE VERTIGINEUSE, D'EN BAS, COMME D'EN HAUT!

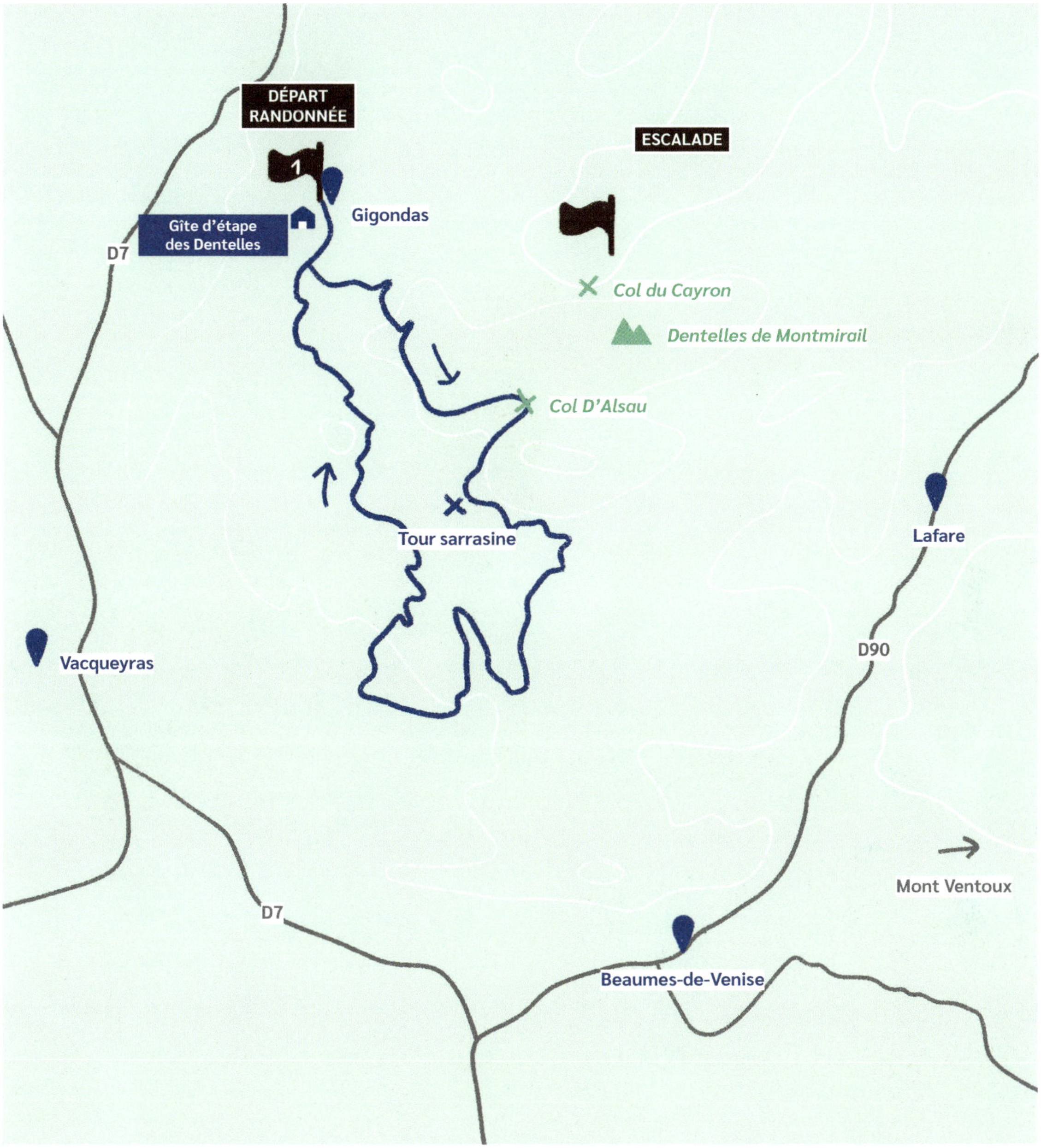

INFORMATIONS PRATIQUES

Hébergements

Gîte d'étape des Dentelles
Dortoirs et chambres doubles (et 1 triple).
Gigondas
www.gite-dentelles.com

Le Lodge des Dentelles
Cabanes de luxe en pleine nature pouvant accueillir 4 personnes. Avec sauna et jacuzzi !
200, route des Dentelles
Lafare
cabanes-de-provence.com

Restauration

À l'Ombre des Dentelles
Petit restaurant avec terrasse.
11, rue Raymond-V-des-Baux
Gigondas
04 90 12 96 12

Escalade

Roc Dentelles / Régis Leroy
07 77 31 69 60
Sortie de 3h ou journée.
Pas de sorties en juillet et août si la température est trop élevée ! Dans ce cas, contacter Sensabloc au 06 98 77 95 17

Aventures provençales

RANDONNÉE ET VTT LE LONG DU GR49

Découvrir la Provence autrement, ça vous dit? Au départ de Saint-Raphaël, le GR49 déroule des décors flamboyants : le massif de l'Estérel, tout de rhyolite rouge et de garrigue, des forêts de pins et d'eucalyptus où se love le lac de Saint-Cassien, les gorges de la Siagne et sa rivière aux eaux émeraudes… Une aventure le temps d'un long week-end que nous avons choisi de faire à pied d'abord, histoire d'en prendre plein les mirettes, mais aussi à VTT, les cheveux au vent, filant d'une crête à l'autre. À l'heure du farniente, en mode baignade dans des petits coins de paradis. Le soir, c'est promis, on s'endort sourire aux lèvres!

3 jours
À partir de 10 ans

DISTANCE
25 km

DURÉE
7h

DÉNIVELÉ
+ 400 m

Jour 1 Randonnée

Saint-Raphaël → Les Adrets-de-l'Estérel

1

Tout près de la gare – où commence ce GR –, l'anse de sable blanc du Veillat nous tend les bras. Salutations à la Méditerranée, quelques sauts dans les vaguelettes et nous ajustons les sacs à dos. C'est parti!

Très vite, les habitations s'effacent, laissent place aux reliefs somptueux de l'Estérel. Des arrondis de collines à n'en plus finir, brodés d'arbousiers, de genévriers, de bruyère. Des éclats rocheux teintés d'ocre. Et puis du fenouil sauvage, de la lavande, du myrte qui, sous le soleil, libèrent des senteurs incroyables…

Pause gourmande sous les arbres,

le temps pour les enfants de composer un herbier miniature, puis l'on s'ébroue. Passée l'ancienne maison forestière de Malpey, le chemin se faufile joyeusement entre le col du Testanier et le mont Vinaigre, point culminant du massif, avant d'atteindre Les Adrets-de-l'Estérel.

Blotti dans les hauteurs, ce village ouvre son panorama sur la baie de Cannes et les îles de Lérins. Sublime dans la lumière d'un coucher de soleil! Nuit au camping Les Philippons, où l'on fera griller des marshmallows au coin du feu.

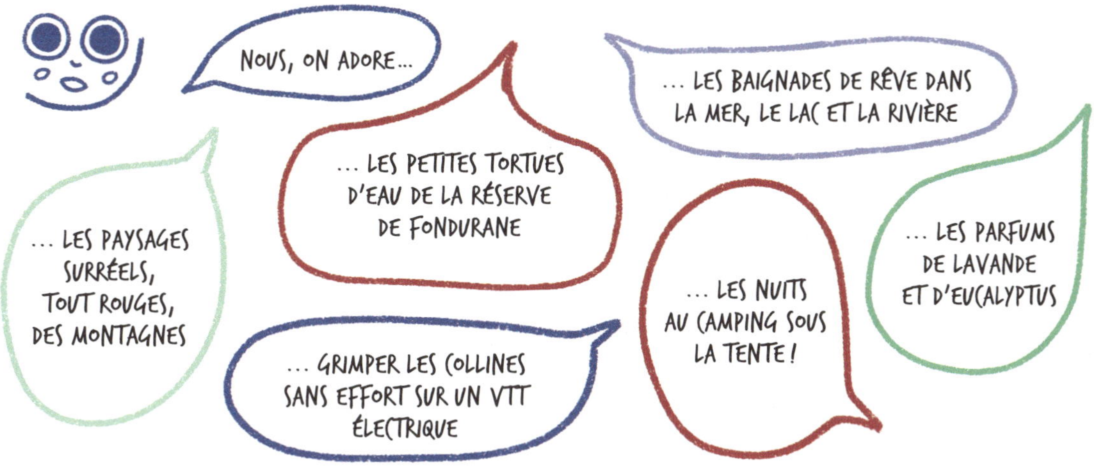

DÉPART
Camping Les Philippons, Les Adrets-de-l'Estérel

DISTANCE
22,5 km

DURÉE
Env. 2h15 à VTT ou 6h30 de randonnée

DÉNIVELÉ
+ 310 m

Jour 2 VTT

Les Adrets-de-l'Estérel
→ Lac de Saint-Cassien

2

Aujourd'hui, on laisse les mollets se reposer. Récupération des VTT électriques au tout début des pistes forestières. Le GR49 traverse ici des forêts magnifiques, riches en chênes-lièges. Les anciens, croisés sur le chemin, content volontiers leurs souvenirs de leveurs : un travail long, consistant à couper l'écorce des arbres pour en faire des bouchons. La tradition imposait de dormir sur place sur des matelas de fougères et de tailler sa gamelle dans le liège même...

Nous poursuivons, sans effort, d'un vallon à l'autre avant d'atteindre la route des crêtes. Pleine vue sur le lac de Saint-Cassien, immense, couleur saphir. Sacrée invitation à la baignade! Une dernière descente nous mène sur ses rives. Remise des vélos, cornet de panisses (frites de pois chiches salées ou sucrées) au food truck Le Cabanon, pour se requinquer et l'on se jette à l'eau. Ici, tout est permis : brasse, kayak ou paddle, proposés à la location.

Une balade, dans la réserve biologique de Fondurane, nous permet d'apercevoir des cistudes, ces petites tortues striées de jaune et même quelques grèbes. Plus de 180 espèces animales peuplent cette oasis de tranquillité... Direction les Gîtes du Lac pour la nuit.

Esprit d'aventure

Tous en selle! L'écurie Les Pouns en Herbe propose des balades douceur spéciales familles. Détente sur les rives du lac, sympathiques belvédères, belles clairières et chevaux câlins garantis! Une ou trois heures, selon l'envie. Débutants bienvenus.

↓

Les Pouns en Herbe
Montauroux
06 76 80 00 89,
www.centre-equestre-montauroux.fr
À partir de 30€/adulte (26€/enfant - de 8 ans).

Jour 3 Randonnée

Lac de Saint-Cassien
→ Saint-Cézaire-sur-Siagne

DÉPART
Les Gîtes du Lac

DISTANCE
15 km

DURÉE
4h30

DÉNIVELÉ
+ 600 m

3

Copieux petit déjeuner sur la terrasse, les eaux du lac en contrebas. Bottines, eau, sac – nous voilà parés! Le GR se faufile jusqu'aux hauteurs de Montauroux, en lisière d'une forêt domaniale, dense à souhait. En ligne de mire se dessine un autre village perché, Saint-Cézaire, notre destination. Seulement 4 km à vol d'oiseau, plus pour les randonneurs qui doivent descendre au creux d'une gorge et remonter l'autre flanc.

Bâton de fortune en main, nous nous lançons dans la fraîcheur des sous-bois, jusqu'à atteindre le sanctuaire des Vieux Chênes. Étendent là leurs branchages une dizaine d'arbres majestueux, plusieurs fois centenaires. Le sentier poursuit jusqu'au pont des Tuves, tout en bas. Cadre idyllique : ce bel arrondi de pierre enjambe là les eaux turquoise de la Siagne. Sur la gauche, tout le charme de la Côte d'Azur, plage de galets blancs et figuiers. Sur la droite, une petite Amazonie, flore luxuriante et même de fines cascades qui ruissellent le long des parois végétales...

Dernière grimpette à travers des couloirs de verdure. Quelques mètres avant l'arrivée, on se retourne : tout en bas, la rivière s'étend en un long ruban bleu. Pour un peu, on croirait avoir rêvé.

LE PONT DES TUVES ET LES EAUX ÉMERAUDE DE LA SIAGNE

Esprit d'aventure

Les plus sportifs pourront s'initier à l'aviron auprès du club de Saint-Cassien. Une autre façon de trouver une harmonie avec la nature... D'autant que, le rythme pris, on peut glisser sur 6 km d'affilée. Même les équipes olympiques viennent s'entraîner ici!

↓

Club d'aviron de Saint-Cassien
Montauroux
06 89 32 39 72, www.saintcassienrowingcenter.com
Cours débutants (à partir de 10 ans), tlj. 9h-11h30 (20€).

INFORMATIONS PRATIQUES

Accès

En train
Gare de Saint-Raphaël (TGV, TER).

En voiture
A8, sortie 38 Fréjus/Saint-Raphaël.

Retour
De Saint-Cézaire-sur-Siagne, taxi jusqu'à Montauroux (15 min), puis bus 3621 jusqu'à Saint-Raphaël (50 min).

Hébergements

Camping Les Philippons
Coco Sweet, entre tente et cabanon, louables à la nuit en avr.-juil. et sept.-oct. (à partir de 38€/4 pers.), seulement à la semaine en août. Linge de lit compris.
Les Adrets-de-l'Estérel
04 94 40 90 67, www.lesphilippons.com

Les Gîtes du Lac
Agréables chambres d'hôte, à quelques minutes des berges du lac de Saint-Cassien. À partir de 85€/3 pers. (petit déjeuner inclus).
Lac de Saint-Cassien, Montauroux 06 16 48 61 44, www.lesgitesdulac.com

Restauration

Spécial pique-nique! Ravitaillement possible à Saint-Raphaël, aux Adrets-de-l'Estérel et dans le village de Montauroux. Food truck Le Cabanon, sur les bords du lac de Saint-Cassien à la belle saison (www.lac-saint-cassien-aventures.com)

Location d'équipement

Moovbike
Location de VTT à assistance électrique (adultes et enfants). Livraison/récupération au départ/fin des pistes forestières. GPS, casque, bouteille d'eau, sac isotherme inclus.
À partir de 25 €/2h
06 51 22 66 34, www.moovbike.fr

Saint-Cassien Aventures
Location de kayaks, paddles, pédalos sur les rives du lac de Saint-Cassien.
Fin mai-déb. sept.
Montauroux, 04 94 40 83 83,
www.lac-saint-cassien-aventures.com

CONSEILS

- À faire au printemps ou à la fin de l'été. Les chaleurs de juillet et août, écrasantes, appellent plutôt à la sieste sous les arbres!
- Comme pour toutes les longues randonnées, bonnes chaussures de marche et amples réserves d'eau s'imposent.

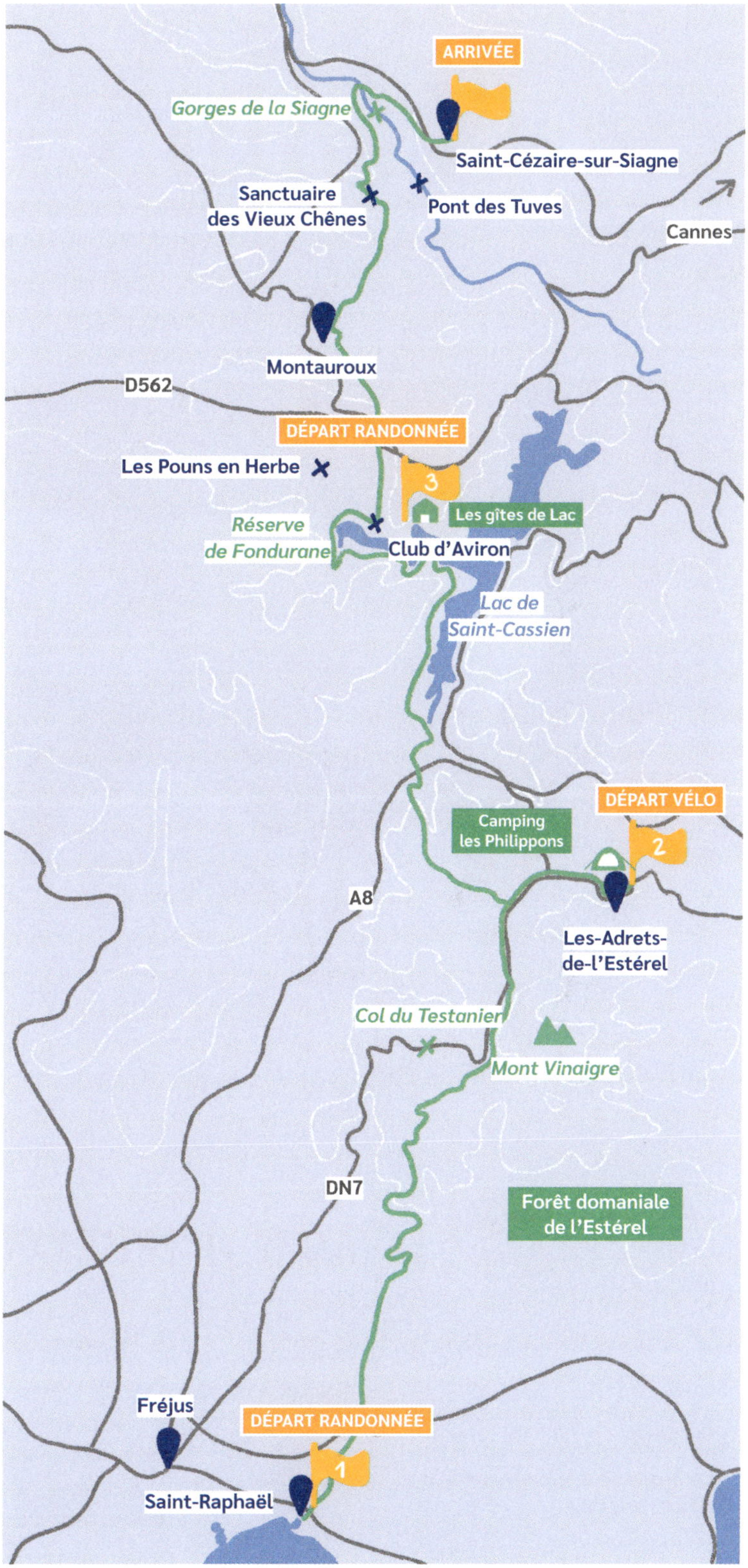

S'orienter et randonner

Bien que l'on aime se perdre dans la nature, il est important de savoir retrouver son chemin ou simplement ne pas le perdre quand on veut respecter un itinéraire ou un horaire, qui plus est si on part avec des enfants. Voici quelques principes d'orientation.

LA CHARTE DU PETIT RANDONNEUR

- ✗ Je ne cueille pas de fleurs, mais j'apprends à les reconnaître.
- ✗ Je reste sur le chemin pour éviter de piétiner la flore.
- ✗ Je pense à fermer barrières et clôtures après mon passage.
- ✗ Je ne dérange pas les animaux, je ne les nourris pas.
- ✗ Je dis bonjour aux randonneurs que je croise.
- ✗ J'emporte toujours mes déchets (et je ramasse ceux que je trouve dans la nature).
- ✗ Je suis attentif aux troupeaux et aux chiens qui les gardent si je traverse un alpage.

REPÉRER LES SENTIERS

Les itinéraires de ce livre suivent en général des sentiers de randonnée balisés, il suffit de les suivre ! Voici les différents types et leurs balisages :

- GR, ou sentiers de grande randonnée : balisage rouge et blanc. Ce sont des itinéraires se parcourant sur plusieurs jours ou semaines.
- GR de Pays (ou GRP) : balisage jaune et rouge. Des itinéraires plus courts, sur plusieurs jours.
- les PR, itinéraires de promenade ou randonnée : balisage jaune. Ils se parcourent sur la demi-journée ou la journée.

On trouve ces balisages environ tous les 150 m. Si vous continuez à les voir, c'est que vous êtes sur le bon chemin. À une intersection, vous trouverez vos deux traits horizontaux adjoints d'un L couché. Ce balisage sera présent juste avant une intersection pour vous indiquer qu'il faut y tourner. La partie haute du L indique la direction à prendre.

Quand ces traits forment une croix, ils indiquent une direction à ne pas prendre.

LIRE UNE CARTE

Il faut aussi pouvoir s'orienter si le marquage est inexistant. Le premier conseil à donner, c'est de partir avec une carte. Quelle carte ? En général, une carte IGN à 1/25 000 où figurent les sentiers de randonnée et autres chemins.

Comment lire ces bonnes vieilles cartes ? Le nord étant en haut, il suffit de « rentrer » dans la carte, en faisant coïncider le paysage en face de vous et le papier, pour que tout soit orienté dans la même direction. Utilisez les points caractéristiques du paysage et faites pivoter la carte sur elle-même pour que tout soit aligné et qu'elle vous « parle ».

TROUVER LE NORD

Au départ, vérifiez avec une boussole ou un smartphone où se trouve le nord, puis regardez dans quelle direction vous partez. Repérez un point lointain et remarquable (une montagne) qui vous indiquera le nord (ou une autre direction) pour la randonnée.

Sinon, pour trouver le nord, les solutions ancestrales fonctionnent toujours : observez la course du soleil. La nuit, cherchez l'étoile Polaire. Mais attention aux idées reçues, la mousse sur les arbres, par exemple, n'indique pas toujours le nord.

S'ORIENTER

Si vous devez revenir par le même chemin, photographiez mentalement le paysage : au départ, repérez les points caractéristiques du paysage (arbres spéciaux, pic rocheux, collines ou autres reliefs) mais aussi les détails le long du chemin. Observez si vous avez tendance à descendre ou à monter, si vous traversez rivières ou ruisseaux. Au retour, vous devrez y repasser. Pensez aussi à vous retourner à chaque embranchement pour identifier mentalement le chemin d'où vous venez (c'est souvent trompeur quand on marche dans l'autre sens !).

23

Les aventures de Thibault

Baignades nature en Corse

RANDONNÉE DANS LE CIRQUE DE BONIFATU

Dans les terres au sud de Calvi, non loin des cimes du monte Cinto (1706 mètres), la Corse offre un visage singulier et sauvage. Les chaos rocheux du cirque de Bonifatu, sa forêt de chênes verts et de pins laricio et les eaux cristallines de la Figarella constituent un formidable terrain d'aventure mêlant baignades en piscines naturelles et panoramas magiques. Une randonnée accessible à toute la famille, qui promet un amusant cache-cache avec la rivière, des glissades sur des toboggans de pierre et de vivifiantes plongées en eaux vives.

1 jour
À partir de 6 ans

DÉPART
Parking de la forêt de Bonifatu

DISTANCE
Boucle de 4,5 km

DÉNIVELÉ
+ 280 m

DURÉE
Env. 2h

Randonnée

Boucle de la Ficaghiola

1

La traversée de la passerelle himalayenne de la Figarella marque le début de la randonnée. Une fois la rivière franchie, le sentier s'élève en lacets serrés dans la montagne, à l'ombre de la forêt de Bonifatu. Une montée courte et raide (1,5 km) jusqu'à une éclaircie qui nous offre un panorama sensationnel sur les hauts sommets du cirque de Bonifatu. Quelques centaines de mètres plus loin, rencontre avec le ruisseau de la Melaghia, un affluent de la Figarella. Voilà l'occasion d'une première baignade, avant de reprendre la marche vers la vallée, le long de la rive gauche du ruisseau. Le sentier rocailleux court à flanc de montagne,

L'AVENTURE DÉBUTE PAR UNE PASSERELLE SUSPENDUE AU-DESSUS DE LA FIGARELLA

tantôt dans les bois, tantôt à découvert, jusqu'au passage à gué de la Figarella.

À partir du gué, nous entamons la descente de la rivière dans son lit (fortement déconseillée en cas d'orage d'été pouvant provoquer une montée soudaine des eaux) : derrière les rochers arrachés à la montagne par les crues, nous découvrons les premières piscines naturelles, aux eaux bleues comme l'azur. Le cours de la rivière semble jouer à cache-cache, disparaissant sous terre avant d'émerger à nouveau dans de petites cascades où les enfants glissent avec bonheur. Par endroits, de gros blocs barrent la rivière dans toute la largeur, obligeant à se frayer un chemin dans la végétation dense le long des berges. Ailleurs, l'eau a creusé dans les blocs des toboggans naturels offrant sauts et belles glissades aux plus aguerris. De retour à la passerelle sur la Figarella, notre point de départ, nous nous installons sur la terrasse de l'Auberge de la Forêt pour dévorer une part bien méritée de fiadone au brocciu !

Esprit d'aventure

Rappels, toboggans, tyroliennes, ponts de singe et sauts... partez pour une demi-journée de canyoning dans les gorges de la Melaghia (à partir de 12 ans) ou du Fango (à partir de 8 ans). Ou optez pour une séance d'escalade : les parois proches du parking recèlent une quinzaine de voies équipées, tandis qu'un secteur de blocs posés dans le lit de la rivière offre des voies courtes les pieds dans l'eau (topo en vente à l'Auberge de la Forêt).

Balagne Montagne Aventure
Calvi, 06 33 91 13 68,
www.canyoningbalagne.fr

INFORMATIONS PRATIQUES

Accès

La forêt de Bonifatu est située à 20 km au sud de Calvi par la D81 (dir. Porto) puis la D251 (dir. forêt de Bonifatu). Parking payant l'été (5€). Liaisons directes en ferry au départ de Nice (ou pour l'Île-Rousse et Bastia au départ de Marseille et Toulon).
www.corsicalinea.com
www.corsica-ferries.fr

Restauration

Auberge de la Forêt
Calenzana
09 70 35 05 25,
www.auberge-foret-bonifatu.com

CONSEILS

- Chaussures d'eau ou sandales adaptées indispensables pour la descente de la rivière et chaussures de randonnée classiques pour la partie sentier.
- La descente du cours de la Figarella peut être dangereuse en cas d'orage et de crue soudaine.
- Le parking de la forêt de Bonifatu est le point de départ de nombreux sentiers de randonnée dans le cirque et la forêt. www.balagne-corsica.com

Baignades nature en Corse

24

Les aventures de Johanna

Deux jours au cirque

À LA DÉCOUVERTE DU CIRQUE DE NAVACELLES ET RANDONNÉE LE LONG DE LA VIS

Méconnu, c'est pourtant un des sites les plus spectaculaires de France. Dans les Cévennes, nous mettons le cap sur le cirque de Navacelles, avec ses points de vue à couper le souffle, ses eaux cristallines et ses sentiers sauvages. Une destination idéale pour se couper du monde et plonger dans une eau limpide à 11 degrés. Revitalisation assurée!

2 jours
À partir de 6 ans

Jour 1 Exploration
Cirque de Navacelles

Pour rejoindre le cirque de Navacelles, il faut d'abord traverser, pendant de longues minutes, le Causse de Blandas. Aride et désert, ce paysage aux allures de steppe n'héberge que quelques habitants et une belle collection de mégalithes. Le plus spectaculaire, pourtant, reste à venir : le véhicule garé au parking, nous rejoignons à pied le belvédère de Blandas pour découvrir, éblouis, un panorama époustouflant. Perchés à 615 m d'altitude, nous surplombons le cirque de Navacelles, souvent baptisé « Grand Canyon de l'Hérault ». Et pour cause : 1400 m séparent les belvédères situés de part et d'autre de cette immense cavité naturelle. Pour cette première journée d'exploration, direction le hameau de Navacelles, avec son vieux pont qui enjambe la Vis, ses maisons en pierres et ses cascades! Frileux

s'abstenir, l'eau dépasse rarement les 15 °C. La nature est bien faite, qui a agencé là des petits bassins dans lesquels les moins téméraires se contenteront de barboter. Les autres oseront le grand plongeon, motivés par le cadre et, au cœur de l'été, par les spectateurs. À la tombée du jour, avant de rejoindre l'auberge du Mas Guilhou, nous grimpons sur la dernière colline qui subsiste au milieu du cirque. Au sommet de ce morceau de terre baptisé « l'huître », une statue de la Vierge nous accueille. Elle fut sculptée par un artiste parisien puis offerte au hameau.

LE PONT MULETIER SUR LA VIS

DISTANCE 10 km AR	**DÉNIVELÉ** + 170 m
DURÉE Env. 3h30	

Jour 2 Randonnée

Hameau de Navacelles
→ Moulins de la Foux

L'auberge du Mas Guilhou a pensé à tout : elle prépare pour les randonneurs des paniers pique-nique. Sac et casse-croûte sur le dos, nous prenons la direction des Moulins de la Foux, que nous allons rejoindre en empruntant un sentier qui longe plus ou moins la Vis - dans le village, des panneaux jaunes indiquent le chemin. Il fait chaud, très chaud, sur ces sentiers couverts de pierre, qui imposent en été de régulières pauses pour s'hydrater. Autour de nous, la flore est riche (géranium, aubépine, fenouil...), et le décor changeant : nous franchissons plusieurs éboulis, traversons des forêts de cairns, passons devant d'anciennes cabanes de vignes en pierres sèches appelées « masets ». Après 5 km, nous atteignons les moulins, qui furent implantés ici pour profiter de la résurgence de la Vis. Il faut dire que le débit est très impressionnant! L'eau qui jaillit ici a réalisé un parcours souterrain de 13 km! À la clé, une eau cristalline à la température pour le moins rafraîchissante (11°C!). Deux options sont possibles pour revenir au hameau : faire demi-tour, ou emprunter un second sentier plus éloigné de la Vis (et plus exposé au soleil) qui passe sur le flanc nord de la vallée.

« On a rarement l'occasion de faire un plouf dans un environnement pareil... »

Esprit d'aventure

À une trentaine de kilomètres à l'est, la base nautique de Laroque met à disposition des visiteurs un vaste éventail d'embarcations pour naviguer sur l'Hérault : canoës, pédalos, paddles, barques de pêche, etc.

↓
www.canoelemoulin.fr

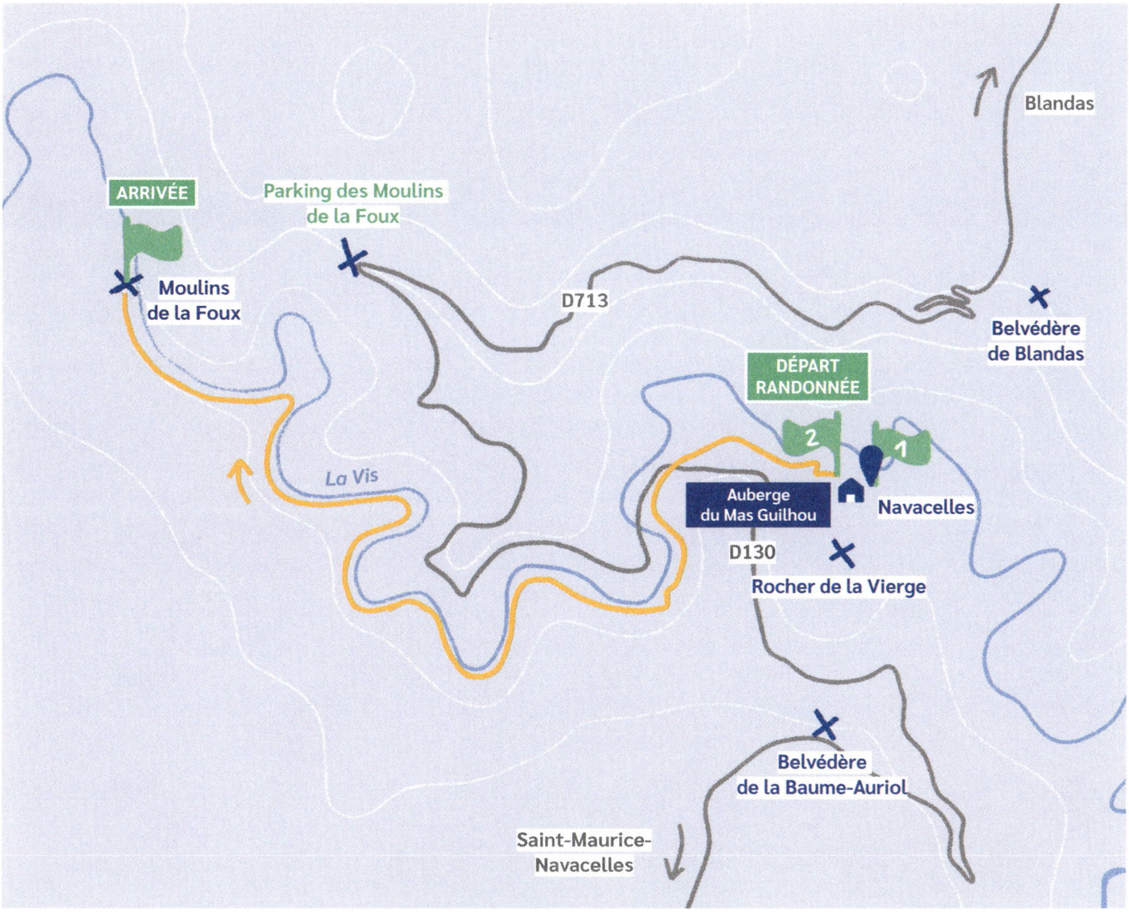

↓

INFORMATIONS PRATIQUES

Accès

Le cirque se situe à 70 km au nord-ouest de Montpellier, et 100 km à l'ouest de Nîmes. Le hameau de Navacelles (au fond du canyon) est accessible par la route, D130 ou D713 selon que vous l'abordiez par le sud ou par le nord.
En juillet et en août, des navettes gratuites relient toute la journée les deux belvédères (Blandas et Baume-Auriol) en passant par le hameau de Navacelles. Elles s'arrêtent également au parking des Moulins de la Foux (20 min de marche pour atteindre les moulins).
www.cirquenavacelles.com

Hébergement

Auberge du Mas Guilhou
Nuit en dortoir. L'auberge propose aussi, dans sa maison « L'Ammonite », des chambres familiales pouvant accueillir jusqu'à 6 personnes.
69, rue du Mas-Guilhou
Hameau de Navacelles
www.masguilhou.fr

Restauration

Crêperie du Mas Guilhou
Galettes, salades et crêpes. Même adresse que l'auberge du même nom.

Auberge de la Cascade
Cuisine le midi (le soir pour les pensionnaires de l'auberge)
Hameau de Navacelles
04 67 81 50 95

Musarder le long de la Côte vermeille

RANDONNÉE ENTRE MER ET VIGNOBLES

Le massif des Albères, rencontrant ici la Méditerranée, plonge théâtralement dans ses eaux bleues. Caps aux airs farouches, criques secrètes, décor de falaises indomptables… soudain, le paysage s'arrondit d'une anse de sable blond, d'un port de pêche ou même de vignes, plantées à flanc de coteaux. Sur cette trentaine de kilomètres, entre Argelès-sur-Mer et l'Espagne, se dessine une mosaïque d'aventures! Tantôt en suivant le sentier du littoral, où la brise marine se mêle aux senteurs de garrigue, en mode rando-baignade-plongeon. Tantôt en passant dans l'arrière-pays, en suivant les ondulations du relief, pour des vues grandioses sur la côte et des brassées de fleurs sauvages.

3 jours
À partir de 8 ans

DÉPART
Argelès-sur-Mer, plage du Racou

DISTANCE
16,5 km

DURÉE
Env. 5h

NUIT
Gîte de Lucas

Jour 1

Argelès-sur-Mer → Port-Vendres

1

La plage du Racou, bordée d'anciennes demeures de pêcheurs, s'étire en un long trait blond. Au bout se dessinent les premières falaises, auxquelles mènent quelques volées de marches. Le sentier se décline en balcons avec vues somptueuses sur les flots en contrebas, puis il se rétrécit, court dans une végétation folle, s'évade vers de petites criques paradisiaques. À chacune, nous explorons, les pieds dans l'eau, le bord des rochers où s'agitent algues, bernard-l'hermite et étoiles de mer. Déjà se profile la silhouette du phare-clocher qui veille sur le port de Collioure. Un coup d'œil aux chatoyantes barques catalanes, et nous quittons le littoral pour d'autres paysages... Direction le col de Mollo en passant par les vignobles de l'arrière-pays. Le regard embrasse là toute la côte, jusqu'à l'Espagne. Descente en douceur vers Port-Vendres et son anse de la Mauresque, sauvage à souhait. Les sacs posés au gîte, nous partons nous régaler de daurade grillée pile en bord de plage.

DISTANCE
11 km

DURÉE
Env. 4h

NUIT
Camping La Pinède

Jour 2

Port-Vendres → Banyuls-sur-Mer

Retour sur le sentier, fin sillon traversant des vagues de genêts et d'immortelles. Phare en vue : tout de marbre rose, il veille sur le cap Béar. Les falaises de schiste, ciselées par vents et tempêtes, ont ici un air de bout du monde… Les enfants pointent du doigt, en contrebas, une crique minuscule mais paradisiaque, celle de Sainte-Catherine. L'heure de la baignade a sonné!

Ragaillardis, nous reprenons l'aventure. Enfilade de corniches vertigineuses, de pointes rocheuses se jetant dans la mer, de plages de sable fin. La plus belle? L'anse de Paulilles. Il suffit de se retourner, après quelques brasses, pour découvrir l'écrin de vignes et de montagnes qui la domine… Ces vignobles magnifiques se déroulent jusqu'à Banyuls-sur-Mer, où nous gagnons notre camping. Tente Coco Sweet sous les pins, grillades parfumées d'un peu de thym sauvage cueilli le long de la balade.

Esprit d'aventure

Partez en kayak découvrir les merveilles de la côte au départ de l'anse Peyrefite ou de Banyuls-sur-Mer.

↓

Vermeille Kayak de Mer
Avr.-oct. Location de kayak simple, double ou triple (2 adultes/1 enfant)
Peyrefite (entre Banyuls-sur-Mer et Cerbère)
06 87 20 77 44, www.vermeillekayakdemer.com

Aléoutes Kayak Mer
Balade guidée au lever/coucher du soleil. Avr.-oct. Tarif : 30€
Banyuls-sur-Mer, 04 68 88 34 25, www.kayakmer.net

DISTANCE
9 km

DURÉE
Env. 3h

Jour 3

Banyuls-sur-Mer → Cerbère

Commence ici la réserve naturelle marine de Cerbère-Banyuls, peuplée de 1200 espèces marines : masque et tuba s'imposent. De cap en cap, de crique en crique, nous partons à la rencontre de girelles paons, poissons striés de vert et d'orange, des serrans écritures, à la robe bigarrée sertie de nageoires jaune vif, et de juvéniles, éclats bleus filant à une vitesse incroyable. Quel plaisir aussi, dans la baie de Peyrefite, de se laisser glisser vers les prairies de posidonies qu'agitent d'invisibles courants marins, ou de regarder danser, au creux des rochers, des anémones miniatures!

Des envolées fleuries et des figuiers de Barbarie bardés de fruits brodent les derniers kilomètres du sentier littoral jusqu'à Cerbère. Dans nos poches, quelques coquillages, des poignées de sable... Nous atteignons la fin du voyage. Et puis non, impossible de résister, l'envie de voir la côte s'enflammer d'un dernier coucher de soleil l'emporte. Nous poussons jusqu'au cap Cerbère, d'où nous pourrons saluer l'Espagne, à quelques encablures de là. Le train du retour peut bien attendre encore un peu.

SNORKELING MAIN DANS LA MAIN !

INFORMATIONS PRATIQUES

Accès

Gare SNCF Argelès-sur-Mer (TER, Intercités) via Perpignan (TGV, TER). Par la route, Argelès-sur-Mer est à 25 km au sud de Perpignan via la D914.
Pour rejoindre la plage du Carou depuis la gare SNCF Argelès-Village : bus n° 540 à 1€, arrêt Plage-du-Racou.
De Cerbère, liaisons en TER ou en bus (n° 540) avec Argelès-sur-Mer et Perpignan.

Restauration

Pique-niques en bord de plage. Les paillotes de plage et les petites villes du parcours permettent facilement de s'approvisionner.

Le Poisson rouge
Clapotis de l'eau et poissons grillés. Paiement en espèces uniquement.
Port-Vendres, 04 68 98 03 12
www.lepoissonrouge66.free.fr

Hébergements

Bivouac interdit le long du littoral
Myriade d'appartements à louer près ou dans les petites villes de la côte.

Gîte de Lucas
À quelques pas de la côte, une ancienne maison de pêcheur convertie en gîte pour 4 pers. À partir de 80€/nuit
Port-Vendres
www.lesgitesdelucas.fr

Camping municipal La Pinède
Les Coco Sweet, mi-tente, mi-bungalow, permettent de rester dans l'esprit nomade. Matelas fournis, mais amener son sac de couchage. 41€/nuit/4 pers.
Banyuls-sur-Mer
www.campinglapinede-banyuls.com

CONSEILS

- Équipement : chaussures de randonnée, masque et tuba.
- Peu d'ombre le long de ce magnifique littoral : glissez chapeau, crème solaire et bouteille d'eau dans votre sac à dos.

26

Les aventures de Coralie

Là-haut dans la montagne

RANDONNÉE ET BIVOUAC AUTOUR DU PIC DU MIDI D'OSSAU

Silhouette mythique dans le Béarn, que cette double pointe, légèrement fendue. Fier de quelque 2884 mètres, le pic du Midi d'Ossau domine le paysage avec majesté, s'aperçoit depuis Pau, des hautes Landes même, par temps clair. Sa présence rassure, attendrit. Tant qu'on l'a en ligne de mire, on est au pays! Pour l'admirer sous toutes ses facettes, pas mieux que cette itinérance dans la vallée d'Ossau, constellée de lacs. Au programme : vallons sauvages et plaines pastorales, baignades en eaux fraîches, cabanes de berger et le soir, selon l'envie, nuit sous la tente ou au refuge. Trois jours de pur bonheur garantis.

3 jours
À partir de 8 ans

DÉPART
Parking du lac de Bious-Artigues (mai-nov., gratuit)

DISTANCE
6 km

DÉNIVELÉ
+ 530 m

DURÉE
2h30

NUIT
Bivouac au lac Gentau (refuge d'Ayous)

Jour 1

Lac de Bious-Artigues → Refuge d'Ayous

Décor de carte postale! Le regard survole les eaux du lac puis s'élève sur des flancs brodés de sapins et caresse des cimes sublimes. Rencontre, enfin, avec la fière dent du pic, seigneur des lieux... Après avoir longé la rive, le sentier décrit quelques lacets à travers la forêt, puis s'ouvre le long plateau de Bious, baigné de lumière et de brassées d'iris bleus. Une cabane de berger, ouverte à l'année, y sert d'abri de fortune aux randonneurs surpris par l'orage ou la nuit. Les enfants courent l'explorer, s'étonnent d'y trouver même une cheminée. Il faut dire qu'on vient aussi se promener par ici l'hiver, en raquettes! On quitte en douceur le plateau pour se hisser jusqu'au premier lac d'Ayous, avec toujours cette vue grandiose sur le massif. Pause au lac Roumassot, si cristallin que l'on y suit sans mal le ballet des poissons. Plus haut, une cascade, quelques sauts d'un rocher à l'autre dans le ruisseau, puis se succèdent le lac du Miey et le lac Gentau... C'est auprès de ce dernier, miroir dans lequel se reflètent cimes et crêtes, que nous installons notre petite tente,

DISTANCE
10 km

DÉNIVELÉ
+ 800 m

DURÉE
Env. 5h

NUIT
Bivouac au lac de Pombie

juste après 19h, comme le veut la règle du bivouac dans le parc national des Pyrénées. Dîner fort joyeux au refuge d'Ayous : charcuterie artisanale, fromage de pays, crêpes aux myrtilles. Les gardiens proposent souvent des animations, musicales, culturelles ou nature. Lors de notre passage, c'était « contes et légendes de la vallée »... Le bonheur est dans les alpages!

Esprit d'aventure

Louez canoë et tipi pour une nuit au lac de Bious-Artigues. Histoire de vous blottir dans l'une des criques boisées, de jouer les Davy Crockett et, pourquoi pas, de pagayer au clair de lune...

↓
Bious Pagayous
Canoë, bivouac et tapis de sol : 70€ (canoë seul 30€).
Juin-sept. Location de 19h à 10h le lendemain.
05 59 82 64 32, www.canoe-pyrenees.com

« Les Ossalois surnomment le pic du Midi d'Ossau "Jean-Pierre", selon la coutume locale consistant pour les familles à nommer leur fils aîné Jean (le pic le plus haut) et leur cadet Pierre (la seconde pointe du pic). Voilà un pic qui fait vraiment partie de la famille ! »

Jour 2

Refuge d'Ayous → Lac de Pombie

Réveil à l'aube. Nous ouvrons la tente, plantée pile dans l'axe du pic : le massif, encore dans l'ombre, ressemble à un paysage lunaire... Le temps de préparer café et chocolat chaud, le lac se teinte de rose, d'orange, les pointes du relief s'enflamment. Enfin, la nature s'ébroue. Quelques chevaux à la belle crinière blonde descendent s'abreuver. Nous lézardons longuement tant la scène est belle, puis remballons. D'autres lacs nous attendent... Quelques lacets et nous atteignons, dans un grand concert de cloches, le lac Bersau. De la crête attenante, les brebis regroupées là évoquent une poignée de confettis. Descente d'un col et, les températures montant, baignade au lac de Castérau. Le sentier reprend, bordé d'iris, de digitales pourpres, continue de tourner autour du pic... jusqu'au refuge de Pombie, bâti au pied de cette incroyable muraille de pierre. Si près que l'un des anciens gardiens, voyant les alpinistes se tromper de route, a tapé à grand bruit dans ses gamelles pour les prévenir! Nous montons la tente tout près, au bord du lac (le dernier de la balade), et dînons là, le regard tourné vers les cimes.

DISTANCE 8 km
DÉNIVELÉ - 690 m
DURÉE 3h30

Jour 3

Lac de Pombie → Lac de Bious-Artigues

Grasse matinée. Petit déjeuner au soleil en observant les grimpeurs qui, déjà, se mesurent aux cheminées du pic. Enfin, sac à dos sur l'épaule, nous entamons le chemin du retour. Direction le col de Suzon : vue saisissante, toujours sur le massif, et troupeau d'isards (cousins du chamois) galopant sur les crêtes. Le refuge, d'ici, semble minuscule. Descente en vue! Le sentier s'échappe vers le verdoyant vallon de Magnabaigt et croise un torrent. Un chemin sur la droite permet de rendre visite aux bergères Brigitte et Monique, sœurettes passant l'été en estive. C'est là, dans leur cabane, qu'elles confectionnent fromage de brebis, de chèvre et en régalent les randonneurs, en échange de quelques euros... Moment incroyablement savoureux, où l'on apprend tout de la traite et des fleurs qui parfument le lait d'une saison à l'autre. Ragaillardis, nous dévalons les derniers kilomètres traversant la forêt via le col de Magnabaigt avant de retrouver les rives du lac de Bious-Artigues. Dernier coup d'œil au pic, que nous saluons avec révérence. On laisse forcément un peu de son cœur dans ces hauteurs!

LES BERGERS CHOISISSENT TOUTE NOUVELLE CLOCHE EN FONCTION DE SA TONALITÉ AFIN QU'ELLE SOIT EN HARMONIE AVEC LES AUTRES CLOCHES DU TROUPEAU

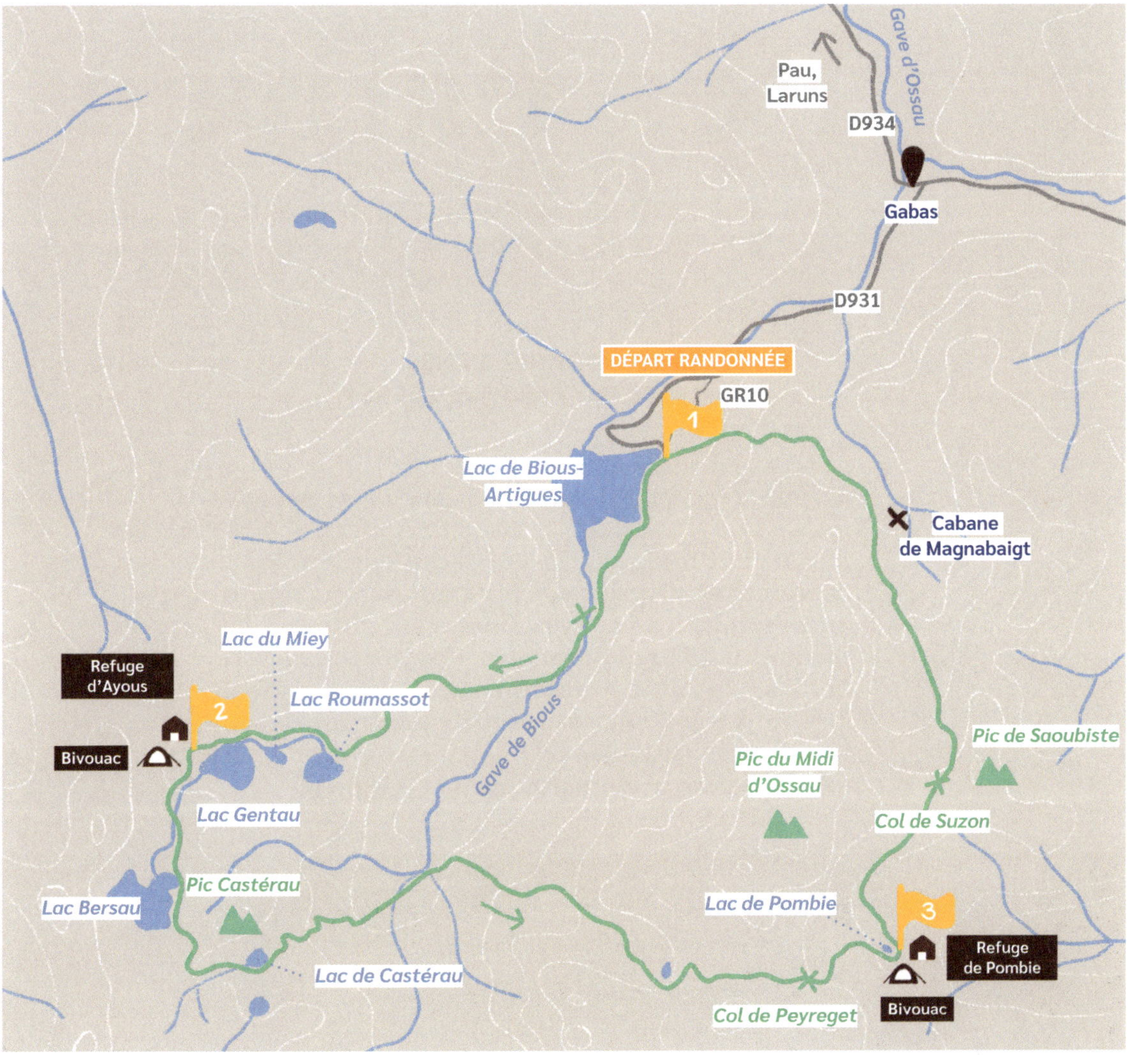

INFORMATIONS PRATIQUES

Accès

Le lac de Bious-Artigues se situe à 60 km au sud de Pau. En voiture : D934 jusqu'au hameau de Gabas, puis prendre à droite vers le lac. Parking gratuit sur place. En bus : de la gare de Pau, bus 806 jusqu'à Laruns, puis bus 806 bis jusqu'à Gabas. De Gabas, le GR10 (4,5 km, 1h15) mène jusqu'au lac (https://cc-ossau.fr/lignes-bus)

Hébergements

Refuge d'Ayous
Face au splendide lac Gentau. Sac de couchage non fourni. De fin mai à début oct. Tarif : 15,60€/nuit (10€ - de 12 ans). 05 59 05 37 00, www.refuge-ayous.com

Refuge de Pombie
Au pied du pic du Midi d'Ossau. Sac de couchage non fourni. Juin-début oct. Tarif : 29,60€/nuit (16,55€ 8-18 ans). 06 82 37 63 41, www.refugedepombie.ffcam.fr

Bivouac
Dans le parc national des Pyrénées, bivouac autorisé (19h-9h) à plus de 1h de marche de tout accès motorisé. Réchaud à gaz permis, mais feux de camp interdits. Les cabanes de berger jalonnant le parcours peuvent aussi servir d'abri.

Restauration

Envie de partir le sac à dos léger ? Que vous y séjourniez ou que vous bivouaquiez à leur pied, les refuges d'Ayous et de Pombie proposent repas, encas et même pique-nique à emporter. Les denrées étant montées à pied ou à dos d'âne, facilitez donc la tâche des gardiens, passez-leur un coup de fil à l'avance.

Cabane de Magnabaigt
Surnommée « la cabane des filles », car les femmes sont rares en estive, la cabane de Magnabaigt propose fromages de chèvre et de brebis à la vente.
Juin-Sept. 06 80 53 07 48 (répondeur en béarnais)

CONSEILS

- À faire en période estivale, l'enneigement s'attardant longuement au printemps.
- Bonnes chaussures de marche, casquette et réserves d'eau s'imposent ! Eau potable disponible dans les refuges.

27

Les aventures de Coralie

Des estives et des gorges

RANDONNÉE DANS LE PAYS BASQUE SECRET

5 jours
À partir de 8 ans

Son nom basque, Basabürüa, se chante presque. Il laisse imaginer, déjà, cette contrée dessinée de crêtes et de gorges profondes. Le bout sauvage. Ici, les traverses centenaires, tracées par les hirondelles, s'empruntent encore, bâton à la main. Chaque printemps, les bergers mènent vaches et brebis vers les prairies d'estive. Au bout d'une route de montagne, Sainte-Engrâce nous attend. Un village à la sérénité désarmante… Enfilez vos chaussures de marche! Ici, les randonnées mènent vers des décors époustouflants de beauté.

DISTANCE
Variable selon l'estive

DURÉE
2 à 3h

NUIT
Au *cayolar* ou bivouac

Jour 1 et 2 Montée en estive

Ferme d'Espondaburu → Estive

1

À peine arrivés à la ferme Espondaburu, nous sommes accueillis par Didier, dont l'accent chantant conte à lui seul tout le pays. Autour d'une tournée de jus de pomme, il déroule une carte. Ce soir, nous dormons dans un cayolar, cet abri d'alpage où, l'été, les bergers montent encore veiller sur les troupeaux et confectionner leurs fameuses tommes. Nous suivons des yeux le tracé. « Si vous hésitez, appelez-moi , conclut-il. Suffit de me décrire le paysage : je saurai où vous êtes! Moi, je vous rejoins là-haut, avec les provisions »

Sac sur l'épaule, nous traversons joyeusement forêts et clairières. Soudain, une symphonie de cloches : il est temps de rencontrer le troupeau. Sous le charme, les enfants tenteront de donner à chacune un petit nom. Un défi : il y en a plus de soixante! Découverte du cayolar : un espace surélevé où se blottir pour la nuit; juste en dessous, l'ancien saloir, où l'on place aussi les réserves de lard, à l'abri des patous, les chiens de mon-

POUR DEVENIR LEURS PROTECTEURS, LES PATOUS SONT ÉLEVÉS DÈS LEUR PLUS JEUNE ÂGE AVEC LE TROUPEAU !

tagne des Pyrénées. Autour d'un repas servi au coin du feu, Didier continue de dérouler les traditions de la Haute-Soule. Comme celle, encore vivante, qui consiste à appeler une famille par le nom de sa demeure plutôt que par celui inscrit à l'état civil... Le temps de taquiner les braises dans l'âtre, d'écouter les sons de la nature, et le sommeil nous gagne.

5h30. Réveil à l'aube! Toilette de chat à la fontaine, eau pure de la source, petit déjeuner copieux, puis nous suivons les bêtes d'un pâturage à l'autre. Ici et là, Didier cueille lupin, safran et autres plantes : croquées par les brebis, elles en parfument le lait et le fromage, dont les saveurs varient d'une saison à l'autre. Une lichette, une tombée de confiture de cerise noire, comme le veut la tradition, puis nous disons adieu à Blanchette, Boule de Neige et les autres... Retour à la ferme en fin de matinée, histoire d'y déjeuner, puis de faire la sieste sous les arbres. Nuit sur place.

LES FLEURS MANGÉES PAR LES BREBIS PARFUMENT LEUR LAIT, MAIS AUSSI LEUR MUSEAU !

DISTANCE
9 km

DURÉE
4h

DÉNIVELÉ
+ 900 m

Jour 3 et 4 Randonnée et bivouac

3

Sainte-Engrâce → Gorges d'Ehujarré

C'est chargés de victuailles préparées par Didier que nous quittons la ferme Espondaburu pour descendre à Sainte-Engrâce. L'arrivée à l'église, sur fond de monts de dentelle, est sublime. Une flèche jaune indique le départ de notre randonnée : il suffit de rejoindre le ruisseau en contrebas et de poursuivre jusqu'à un autre signe pointant vers des forêts de hêtres et de noisetiers.

Le sentier s'enfonce doucement vers l'intérieur des gorges, s'amuse à traverser, maintes fois, le lit asséché d'un torrent. Teintes émeraude, épais tapis de mousse recouvrant rochers et troncs des arbres... Pour un peu, on se croirait presque en Amazonie. Surprise, un panneau guide vers une source d'eau potable. On trouve là une eau pure, incroyablement fraîche et même une timbale en métal pour la déguster.

Au sortir du sous-bois, pleine vue sur les arêtes rocheuses marbrées de verdure du canyon, si hautes qu'elles semblent vouloir frôler les cieux. Le regard tourné vers les cimes, nous en ratons presque la grotte de Molerse. Blottie au creux d'un vallon herbeux, elle peut abriter jusqu'à 20 personnes. Plus loin se dessine une cascade, auprès de laquelle il fait bon déballer son pique-nique et jouer à s'éclabousser. Nous sommes ici tout au bout des gorges!

Il suffit ensuite de reprendre sur la droite pour atteindre le plateau d'Errayzé, où paissent brebis et potoks, chevaux du Pays basque à peine plus hauts qu'un poney. Un léger détour mène à la fontaine du plateau, où nous remplissons nos gourdes. Un premier abri de pierre, toujours occupé par un berger l'été, puis la traversée de prairies fleuries et nous apercevons le cayolar d'Utziganga, où nous passons la nuit. Repas sur le seuil, en admirant le coucher du soleil, bavardage à la lumière des bougies... un moment privilégié.

Réveil par le chant des oiseaux. Gestes séculaires : monter chercher de l'eau à la source, emprunter la scie pour couper du bois et en laisser aux randonneurs suivants... Un peu à regret il faut reprendre le chemin du retour. Si l'on nous avait confié quelques brebis, nous serions volontiers restés plus longtemps!

Le sentier, qui frôle ici l'entaille des gorges, offre des panoramas spectaculaires sur le fond du canyon, en révélant la profondeur sans jamais la révéler tout à fait. Nous sommes ici à hauteur d'aigle, nombreux dans la région. Ne reste qu'à descendre en zigzaguant par les bois d'Utzia, parsemé en saison de fraises des bois. Dîner et nuit à l'Auberge Burguburu, à deux pas de l'église.

DISTANCE
Boucle de 8 km

DURÉE
Env. 3h30

Jour 5 Randonnée

5

Sainte-Engrâce
→ Salle de La Verna

Petit déjeuner copieux dans la salle à manger de l'auberge. Meubles anciens, rideaux brodés, cuivres astiqués, comme chez nos grands-parents... Encore une tartine et nous filons retrouver les sentiers de randonnée. Objectif : la salle de La Verna, une cavité naturelle si grande qu'en 2003 on y a même fait décoller une montgolfière!

Du village, nous suivons un bout du GR10, fin sentier très bien balisé qui se faufile dans une végétation luxuriante en remontant doucement le ravin d'Arpidia. Deux échelles métalliques, sans difficulté, ajoutent à l'esprit d'aventure. Le sommet atteint, le chemin longe alors des à-pics époustouflants. La végétation change, s'étoffe de fougères en abondance. Un dernier lacet nous dépose devant la grotte où nous attend notre guide.

Casque mis, lampe frontale allumée, nous traversons à sa suite un tunnel long de 600 m débouchant sur cette cavité aux dimensions extraordinaires. Paroi de schiste sur la gauche, calcaire sur la droite, une hauteur de 194 m... L'exploration se poursuit vers d'autres galeries en mode spéléo. Les enfants, enchantés, enjambent le lit des rivières souterraines, escaladent les petites parois rocheuses, sautent d'un bloc à l'autre... L'atmosphère est digne de *Voyage au centre de la Terre*!

Revenus à la surface, la lumière éblouit presque. À tel point que, sur le chemin du retour qui rejoint une autre portion du GR10, on se demanderait presque si l'on n'a pas rêvé...

Esprit d'aventure

La grotte de La Verna s'explore aussi en mode « sportif » lors d'une session de spéléologie « douce » pour débutants.

↓

Grotte de La Verna
www.laverna.fr (rubrique « Visites »).
19 €/adulte (enfant 15 €). Résa obligatoire. À partir de 10 ans.

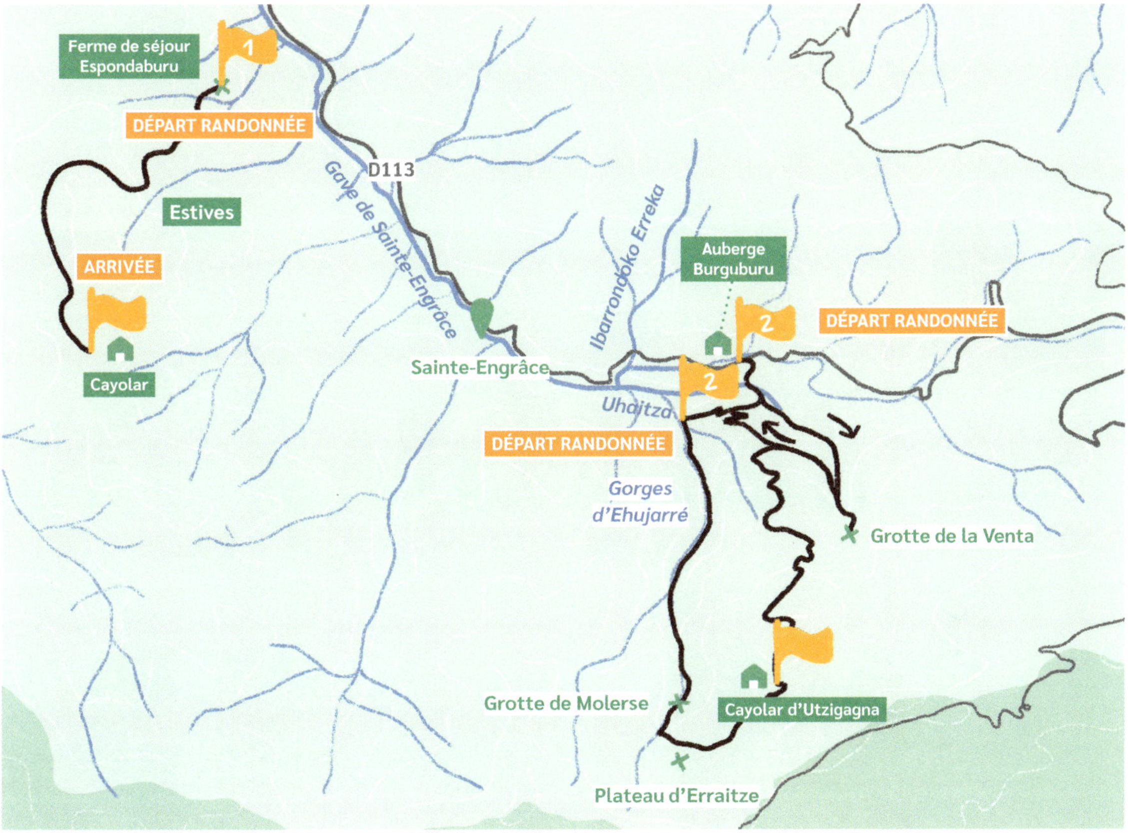

INFORMATIONS PRATIQUES

Accès

Sainte-Engrâce est à env. 65 km de Saint-Jean-Pied-de-Port par la D19 et la D113. Trains directs pour Saint-Jean-Pied-de-Port depuis Bayonne (env. 1h30).

Visites

Office de tourisme de la Soule
05 59 28 51 28, www.sainte-engrace.com

Grotte de La Verna
Sainte-Engrâce
05 59 28 34 02, www.laverna.fr
Résa obligatoire, 9 €/adulte (enfant 5 €)

Hébergements

Nuit au cayolar
90 €/pers. Incluant repas du soir et petit déjeuner. Si le cayolar est déjà occupé, vous devrez dormir sous la tente, mais l'esprit reste convivial : chacun peut profiter de la cheminée pour préparer son dîner.

Ferme de séjour Espondaburu
Une de ces fermes d'autrefois, d'une grande simplicité mais à l'accueil généreux. Gîte rural (4-6 pers.), dortoirs (2-6 pers.) ou camping. Option table d'hôte garnie des produits de la ferme (rillettes, pâtés, conserves de canard, etc.). Petit déjeuner, panier pique-nique et repas du randonneur sur résa.
Espondaburu, Sainte-Engrâce
05 59 28 55 89, www.espondaburu.free.fr

Auberge Burguburu
Cette charmante bâtisse typique du Pays basque. Chambres d'hôte et gîte rural attenant (4 pers.). Petit déjeuner, panier pique-nique et repas du randonneur sur résa.
Sainte-Engrâce
05 59 28 61 63, www.gites-burguburu.com

Bivouac
Il est possible de dormir sous tente mais seulement au-dessus de 1 400 m d'altitude et sur des espaces aménagés, comme ceux des cayolars. Feu de camp non autorisé.

Restauration

Pas d'épicerie dans le village, il faut donc s'approvisionner avant d'arriver à Sainte-Engrâce. La tradition invite à loger et à manger chez l'habitant : fermes et gîtes régalent leurs invités de spécialités régionales (gigot d'agneau, omelettes aux cèpes, piperade, etc.) en généreuses portions.

Équipement

Outre de bonnes chaussures de marche, prévoir tente et sac de couchage la première nuit dans le cas où le cayolar est déjà occupé ; provisions de nourriture, bougies et allumettes pour la nuit au cayolar d'Utzigagna (gorges d'Ehujarré) ; un filtre à eau pour pouvoir remplir sa gourde à l'eau des torrents ou des cascades.

CONSEILS

- La randonnée du premier jour varie selon l'estive disponible : compter 2 ou 3h de marche et une arrivée au cayolar en fin d'après-midi.
- Bâton de marche recommandé.
- Grotte de La Verna : prévoir de l'eau en quantité, aucune source sur l'itinéraire.
- Sur Radio Irulegi, la chanson basque se décline en versions traditionnelle, reggae, rock, années 1980 ou metal. Profitez-en ! www.irulegikoirratia.com ou 91.8 FM.

28

Les aventures
de Thibault

En terre basque

BIVOUAC ET NAVIGATION EN CANOË
OU EN PADDLE SUR LA NIVE

Si Bayonne n'est pas bordée directement par l'océan, elle n'en est pas moins bercée par les eaux, puisque la cité est traversée à la fois par l'Adour et la Nive, qui s'y rejoignent. On vous emmène oublier l'agitation de la côte basque le temps d'un week-end, et vous fondre dans la nature… Du village d'Ustaritz, vous vous laisserez couler tranquillement sur la Nive, au milieu de paysages bucoliques, avant de rejoindre la belle Bayonne, ses ponts et ses maisons aux volets colorés. Une aventure tout en contrastes, pour passer en une journée de la forêt à la ville, et que l'on pourra conclure par une virée à la plage!

2 jours
À partir de 8 ans

Jour 1 Bivouac

Ustaritz

Pour véritablement vous immerger dans cette aventure et profiter de la nature, nous vous conseillons de passer, comme nous, la nuit en bivouac à proximité d'Ustaritz, au bord de la gravière Errepiragaraia. Du centre du village, prenez la direction de la gare par la D137, passez le pont au-dessus de la Nive, et juste après laissez à votre gauche un groupe de maisons. Tournez là pour emprunter un chemin de terre qui s'engage vers l'étang. Garez-vous au bout du chemin, parmi les pêcheurs probablement déjà bien installés. Continuez à

pied sur quelques dizaines de mètres pour poser le bivouac en bord d'étang, sur la langue de terre qui le sépare de la Nive. Tranquillité assurée. N'oubliez pas la règle d'or du bivouac : montez vos tentes juste avant le coucher du soleil et démontez-les après son lever.

DISTANCE
15 km

DURÉE
Journée

Jour 2 Canoë ou paddle

Ustaritz → Bayonne

2

AU FIL DE L'EAU

Une fois les embarcations prêtes, le lieu de bivouac laissé immaculé et les affaires rangées dans la voiture (qui attendra votre retour en fin de journée), il est temps de se lancer. Les premiers mètres sur la rivière donnent l'impression de naviguer en Amazonie tellement la végétation est luxuriante. On arrive tout de suite sur les uniques rapides du périple, qu'il est préférable de passer à pied si le niveau d'eau est trop bas. À partir de là, on longe les chemins de halage, d'où l'on tirait autrefois les bateaux de marchandises pour leur faire remonter le cours de la Nive. On y croise maintenant principalement des cyclistes et des joggeurs, quelques pêcheurs aussi, ainsi que de charmants endroits pour se reposer ou pique-niquer. Au bout de 4 km, on arrive à Villefranque, où une guinguette de rêve, en bord de rivière, vous tend les bras. Reposés, hydratés ou sustentés, on reprend tranquillement la navigation vers Bayonne... Sur la droite avant d'entrer dans l'agglomération, se dévoile la plaine d'Ansot, espace naturel sensible classé Natura 2000 : on pourra aller y observer les oiseaux en laissant les embarcations sur la rive devant l'entrée du parc. Passé la plaine, le paysage se fait plus urbain et l'on arrive bientôt à hauteur des remparts de la vieille ville. Au loin se dressent les deux flèches de la cathédrale... En famille, c'est ici qu'il est préférable de s'arrêter, sur la gauche après le grand pont de la départementale, sur le ponton (ou les berges) de l'Aviron bayonnais. L'espace est dégagé et la rivière encore calme.

Si vous êtes avec des grands, vous pourrez tenter le passage sous les quatre ponts historiques, qui relient les deux parties de Bayonne, encadrés par la masse des maisons du centre-ville. Une allée royale qui mène à la confluence avec l'Adour. Mais cela peut remuer un peu selon la météo et l'état de l'océan. L'eau peut être haute selon la saison, renseignez-vous bien en amont sur les conditions!

INFORMATIONS PRATIQUES

Accès

Ustaritz est situé à 14 km au sud de Bayonne par le D932.
En bus : ligne 14 de Bayonne jusqu'à Ustaritz (25 min).

Restauration

Pasarela Guinguette
Boissons et planches apéro en bord de Nive
Chemin Yoanaherrenia, Villefranque

Chez Txotx
Une bodega parfaite pour se restaurer en terrasse dans le centre de Bayonne.
49, quai Amiral-Jaureguiberry, Bayonne
05 24 33 86 24

Location matériel

Nature Avent'ura 64
N'hésitez pas à demander à ce qu'on vous dépose les embarcations à Ustaritz
Base de Villefranque, Chemin Yoanaherrenia
06 66 30 47 97
natureaventura64.com

CONSEILS

- Réservé aux enfants qui savent nager (et même s'ils savent nager, pensez bien au gilet de sauvetage).
- Le canoë sera plus sécurisant et plus confortable pour les petits. Le paddle sera plus ludique si vous avez des grands!
- Pour revenir à votre point de départ, prévenez le loueur de matériel de votre arrivée pour qu'il vienne vous chercher. Si vous êtes en autonomie, il faudra prendre un taxi (15 min) pour aller chercher la voiture.

Réussir son bivouac

Ralentir le temps, profiter de choses simples, renouer avec la nature, tisser des liens autrement et, surtout, créer des souvenirs uniques pour les enfants… la nuit au grand air a bien des vertus. Il faudra être prêt pour l'imprévu (c'est pour cela que l'on dort en pleine nature, non ?), laisser les enfants vivre leur expérience. Le bivouac est un art, voici quelques règles pour qu'il soit magique de bout en bout.

ON SE RENSEIGNE

Le bivouac est le fait de poser sa tente (ou un campement sommaire) pour la nuit, du coucher du soleil au lever du soleil. En cela, il diffère du camping sauvage et est ainsi généralement toléré. Le bivouac est toutefois interdit en bord de mer, le long des routes, et en principe à moins de 200 m d'un point d'eau potable. Sur un terrain privé, il faudra obtenir l'autorisation du propriétaire. Le bivouac est réglementé dans les parcs nationaux et les parcs naturels régionaux (chacun a ses règles) et, de plus en plus, dans certains espaces surfréquentés (les Hauts de Chartreuse, par exemple, certains lacs des Alpes, etc.). Il est aussi interdit dans de nombreux endroits par arrêté municipal. Dans tous les cas, informez-vous sur les divers arrêtés et interdictions en vigueur là où vous prévoyez de partir !
Autre composante : la météo. Comme vous serez avec des enfants, soyez prudents avec le temps, surtout en montagne ; votre bivouac ne pourra réellement se confirmer que la veille.

LA CHARTE DU PETIT BIVOUAQUEUR

- ✗ Je ne m'installe pas dans les herbes hautes (car elles serviront de fourrage pour les troupeaux)
- ✗ En partant, je laisse le lieu tel que je l'ai trouvé (c'est la règle absolue)
- ✗ J'emporte tous mes déchets (voire ceux des autres) avec moi
- ✗ Quand je fais mes besoins, je les enterre et ne laisse pas de papier toilette
- ✗ J'évite de faire du feu (car ils détruisent le sol pour des décennies) ; si c'est autorisé et que j'en fais, j'utilise dans la mesure du possible un foyer existant.

BIEN CHOISIR SON SPOT

Pour bien dormir, le choix de l'emplacement de la tente (ou des duvets si vous la jouez tête dans les étoiles) est crucial. Choisissez un terrain plat, herbeux, sans points durs (pierres, mottes de terre) et abrité du vent (donc pas un sommet ni un col, où le vent peut être fort). Placer l'ouverture dos au vent dans tous les cas. Placez-vous aussi en fonction des rayons du soleil (le meilleur radiateur) à son lever, pour en profiter s'il fait frais ou les éviter s'il fait chaud. Il faut bien sûr veiller à ce que le lieu soit dépourvu de dangers immédiats telles chutes de pierres, cuvettes ou rivières à risque. Enfin, trop près de l'eau, vous risquez d'avoir des moustiques, et dans un champ clôturé, la visite des bêtes du troupeau pendant la nuit !

L'important, puisqu'on bivouaque pour le plaisir, c'est de prendre un temps d'avance sur le soleil. Arrivez dans l'après-midi plutôt que juste avant la nuit, pour vous mettre au rythme de la nature, profiter des lieux... Choisissez votre spot, posez vos affaires et montez votre tente au coucher du soleil.

QUEL ÉQUIPEMENT ?

Pour manger en bivouac, il faut faire simple. Prenez éventuellement un petit réchaud portatif si vous partez plusieurs jours. Et prévoyez de l'eau en quantité (2 l par adulte et 1 l par enfant par jour pour être large).
Une tente facile à monter, à double paroi pour éviter l'humidité, et pas trop lourde, car il faudra la porter.
Un matelas autogonflant ou gonflant, léger, pour vous isoler du sol. Il existe des versions adaptées aux enfants.
Un duvet adapté aux conditions climatiques de votre lieu de bivouac. En montagne, par exemple, même en été, les températures peuvent descendre en dessous de 10 °C (près des rivières ou des lacs, l'humidité accentue la fraîcheur).
Des lampes frontales pour s'éclairer.
Dans tous les cas, faites-vous confiance et ne partez pas avec toute votre maison sur le dos. L'objectif, c'est de lâcher prise et de revenir à l'essentiel. Les enfants s'occuperont avec ce qu'ils trouveront aux alentours, et vous verrez que le temps passe très vite...

29

Les aventures
de Thibault

La grande odyssée

DES SABLES-D'OLONNE À ROCHEFORT VIA LES ÎLES À VÉLO

Voici une aventure qui sent bon le sable doré et les grandes vacances! De la Vendée à la Charente-Maritime, la côte atlantique offre au cycliste un point de vue privilégié sur un incroyable patchwork de paysages : de grands croissants de sable ourlés de forêt de pins, des marais salants à perte de vue aveuglant l'horizon comme un miroir brisé jeté au soleil, des cités insulaires fortifiées, des estuaires cousus de cabanes aux couleurs éclatantes, des phares solitaires dressés face à l'océan comme un défi... Une terre d'aventure que l'on sillonne sur les voies tranquilles de la Vélodyssée, le nez au vent, les tympans bourdonnant du chant des cigales, dans les parfums de résine et d'ambre solaire.

10 jours
À partir de 9 ans

DISTANCE
45 km

DURÉE
Env. 3h

DÉNIVELÉ
+ 120 m

NUIT
Camping Le Vieux Moulin

Jour 1 Vélo

1

Les Sables-d'Olonne
→ La Tranche-sur-Mer

L'aventure débute au port de plaisance des Sables-d'Olonne, devant les géants des mers du Vendée Globe. C'est ici que nous rejoignons l'itinéraire de la Vélodyssée, cette longue véloroute qui relie Roscoff, en Bretagne, à Hendaye, sur la côte basque.

Premier contact avec l'océan et première baignade sur la grande plage des Sables. Sur ce tronçon, la véloroute suit au plus près la côte, épousant le creux de chaque anse, sans jamais partager la route avec les voitures. Juste avant Talmont-Saint-Hilaire, l'itinéraire bifurque vers l'intérieur des terres, puis zigzague entre les marais salants. Là, jumelles en main, nous observons de près aigrettes, hérons et sternes pêcher dans les chenaux. À Longeville-sur-Mer, nous piquons une tête sur la plage des Conches, un immense croissant de sable adossé à la barrière végétale de la forêt de Longeville, plantée au 19e siècle pour stopper l'ensablement de l'arrière-pays. Nous reprenons la route sous le couvert forestier, à l'ombre bienfaisante des pins maritimes et des chênes verts, captant ici les parfums mêlés de résine et d'ambre solaire, là le chant des cigales… La Tranche-sur-Mer s'annonce par une vague de cubes blancs et de toits de tuiles orangées… Nous faisons escale pour la nuit au camping Le Vieux Moulin.

À TRAVERS LES MARAIS SALANTS…

DISTANCE
50 km

DURÉE
Env. 4h

NUIT
Camping Le Bois Dinot

Jour 2 Vélo

La Tranche-sur-Mer → Marans

2

C'est au fil des premières étapes que se mettent en place les petits rituels qui donnent à chaque membre du groupe, les enfants inclus, un rôle à jouer dans l'aventure : installation du campement, remise en état des vélos, popote, rangement... Difficile de partir avant 10h, mais les étapes prévues sont courtes, alors nous prenons notre temps. Ce matin-là, nous nous élançons à travers la réserve naturelle de la Casse de la Belle-Henriette, une lagune où viennent nicher plus de 230 espèces d'oiseaux.

Après le bras de terre de La Faute-sur-Mer, voici L'Aiguillon-sur-Mer, une belle occasion de faire une pause iodée chez un ostréiculteur du port. Après les paysages entre mer et terre de la baie de l'Aiguillon, l'itinéraire se poursuit dans l'arrière-pays jusqu'à Marans, que l'on aborde par le canal maritime la reliant à la mer.

MENU DU JOUR : HUÎTRES DE LA BAIE DE L'AIGUILLON !

DISTANCE
27 km

DURÉE
Env. 2h

NUIT
Hôtel Les Gens de la Mer

Jour 3 Vélo

Marans → La Rochelle

3

Seulement 27 km séparent Marans de La Rochelle. Une étape courte, que l'on réalise sans effort le long du canal reliant les deux cités. Sur ce joli chemin de halage, la victoire appartient à celui qui repère le plus de ragondins et qui cueille le plus de mûres!

À La Rochelle, il faut prendre le temps de flâner dans la vieille ville, à la découverte de ses hôtels particuliers, dissimulés derrière de hautes portes cochères, et de ses ruelles étroites où bars et restaurants se sont multipliés. Nous rejoignons ensuite le Musée maritime, sur le port, et ses huit navires à flot que l'on peut visiter. Pour voir le soleil plonger dans l'océan, rien de tel que le poste d'observation d'une nacelle de la grande roue. C'est depuis le port, face à l'océan, un savoureux *fish and chips* en main, que nous devinons au loin la destination du lendemain : cap sur l'île de Ré!

NAVETTE MARITIME
La Rochelle - île de Ré

70 min

NUIT
Camping municipal de Saint-Martin-de-Ré

Jours 4, 5 et 6 Île de Ré

La Rochelle → Île de Ré

4

Une heure de navigation depuis La Rochelle, et nous posons nos roues sur le port de Saint-Martin-de-Ré. Ce charmant village serti de remparts du 17e siècle propose l'un des meilleurs campings de notre aventure, lové à l'ombre de pins maritimes dans une étoile de la forteresse Vauban.

Pendant trois jours, nous sillonnons les côtes de l'île à vélo, le long de pistes cyclables sans voiture, à la découverte de ses cabanes de plage désuètes, de ses phares solitaires et de ses anses. À Saint-Clément-des-Baleines, à l'extrémité ouest de l'île, nous nous hissons au sommet du phare pour décrocher une vue à 360° sur l'île et l'océan... Comme un air de *Moby Dick* et de haute mer!

NAVETTES MARITIMES
Île de Ré - La Rochelle

La Rochelle - île d'Oléron

NUIT
Camping L'Océan

Jours 7, 8 et 9 Île d'Oléron

Île de Ré → La Rochelle

7

Une fois l'île de Ré explorée, nous rejoignons La Rochelle, où nous embarquons à nouveau, cette fois à destination de l'île d'Oléron. Au cours de la traversée, nous croisons au large de l'île d'Aix, avant de frôler l'austère silhouette de pierre du fort Boyard, que Napoléon Ier a planté à l'entrée de l'estuaire de la Charente pour protéger l'arsenal de Rochefort des assauts de la marine anglaise!

Nous prenons pied pour trois jours sur la plus grande île de métropole après la Corse. De quoi régaler les cyclistes que nous sommes! Oléron mérite sa réputation d'île plus sauvage que sa voisine, Ré, avec ses salines, ses réserves naturelles, ses grandes forêts domaniales que les enfants adorent explorer à vélo... Ses plages, plus ouvertes à la houle de l'Atlantique, sont aussi idéales pour s'initier au surf. Sans oublier ses maisons de pêcheurs colorées, ses villages coquets aux ruelles bordées de roses trémières...

Esprit d'aventure

S'initier au surf sur les plages de l'île d'Oléron ou de Longeville-sur-Mer.

↓

Oléron Surf Club
Plage de Vert Bois, Dolus-d'Oléron
06 25 66 13 63, www.oleronsurfclub.com
Blue Surf School
Plage des Conches, Longeville-sur-Mer
06 11 46 25 82, www.bluesurfschool.fr

NAVETTES MARITIMES
Saint-Trojan-les-Bains - La Tremblade

La Tremblade - Marennes

DISTANCE À VÉLO
25 km

DURÉE
Env. 2h

NUIT
Camping municipal Le Rayonnement

Jour 10 Vélo

Île d'Oléron → Rochefort

10

Nous quittons Oléron par Saint-Trojan-les-Bains à bord d'un bateau passeur à fond plat qui navigue hardiment à travers une myriade de bancs de sable et de parcs à huîtres jusqu'au port de La Tremblade, dans l'estuaire de la Seudre. Là, c'est à bord d'un chaland ostréicole, *Le Balusot*, que nous rallions le port de La Cayenne, capitale historique de l'huître, qui aligne ses baraques colorées de carte postale. À nouveau en selle, nous filons vers Rochefort le long du canal de Marennes, comme suspendus entre terre et eau, à travers un incroyable patchwork de bassins ostréicoles.

Autre moment fort : la traversée de la Charente par son pont transbordeur, l'un des plus grands au monde. De sa nacelle suspendue au-dessus des eaux, difficile de ne pas entonner une chanson des *Demoiselles de Rochefort*, pour lequel le célèbre pont a servi de décor !

Rochefort, tout le monde descend ! Dernière émotion avant de sauter dans le train pour Les Sables-d'Olonne, la visite de la sublime réplique de *L'Hermione*, ce célèbre trois-mâts de 1779 qui a permis au marquis de La Fayette de rejoindre les insurgés américains en lutte pour leur indépendance.

INFORMATIONS PRATIQUES

Accès

En train
Gare des Sables-d'Olonne (TGV, TER). Liaisons directes au départ de Paris (3h30) via Le Mans, Angers, Nantes ; au départ de Bordeaux (5h) via La Rochelle et La Roche-sur-Yon.

En voiture
À 460 km de Paris via l'A11 et l'A87 ; à 335 km de Bordeaux via l'A10.

Retour
De la gare de Rochefort, trains à destination des Sables-d'Olonne. Vélos autorisés à bord des TER (sans résa) et des Intercités (résa requise).

Itinéraire

Un parcours plat, dans l'ensemble, sur un tronçon de la Vélodyssée : voies cyclables sécurisées, idéales avec des enfants. Pour bien préparer son itinéraire : www.lavelodyssee.com

Navettes maritimes

La Rochelle - Île de Ré
Navette maritime Îlederé
Vélos et remorques acceptés. Avr.-sept. 23€ AR/adulte, 15,50€ AR/enfant.
La Rochelle
05 46 09 88 56, www.iledere-larochelle.fr

La Rochelle - Île d'Oléron
Vélos et remorques acceptés. Avr.-nov. 26€ AR/adulte, 18€ AR/enfant
Embarcadère Médiathèque, La Rochelle
05 46 47 05 10, www.oleron-larochelle.net

Saint-Trojan-les-Bains - La Tremblade, La Tremblade - Marennes
Bateaux passeurs du port de Saint-Trojan-les-Bains à celui de La Tremblade (45 min, 6€/pers.), puis de La Tremblade à Marennes (10 min, 2€/pers.). Vélos et remorques acceptés.
06 03 28 98 33, www.bateaupasseur17.fr

Hébergements

Camping Le Vieux Moulin
La Tranche-sur-Mer, 02 51 28 93 48, www.campinglevieuxmoulin.fr

Camping Le Bois Dinot
Marans
05 46 03 15 01, www.ville-marans.fr

Hôtel Les Gens de la Mer
Hôtel au calme près du port. Chambres familiales pour 4 personnes.
La Rochelle, 05 46 41 26 24, https://gdmlarochelle.popinns.com

Camping municipal
Saint-Martin-de-Ré, île de Ré
05 46 09 21 96, www.camping-saintmartindere.com

Camping l'Océan
Dolus-d'Oléron, île d'Oléron, 05 46 75 31 70, www.camping-ocean-oleron.com

Camping municipal Le Rayonnement
Rochefort, 05 46 82 67 70, www.camping-le-rayonnement.fr

Location d'équipement

Pour voyager léger et faciliter la logistique, Bicy Bags propose des locations "*one way*" permettant de prendre les vélos au point de départ, de les laisser au point d'arrivée et de bénéficier d'un transport retour jusqu'à la ville de départ.
www.bicybags.com

Cyclotron
Sur l'itinéraire de la Vélodyssée. Location de VTT, VTC, VAE, remorques pour enfant, etc.
Les Sables-d'Olonne
02 51 32 64 15, www.cyclotron-location.fr

CONSEILS

- Itinéraire accessible aux enfants à partir de 1 an à bord d'une remorque ou à partir de 7 ans en autonomie.
- Votre enfant est trop grand pour la remorque, mais pas assez pour pédaler en autonomie ? Pensez aux dispositifs de traction ! La référence : le FollowMe.
- Prévoyez des vêtements adaptés (pantalon de pluie, poncho) qui permettent de poursuivre l'aventure face aux intempéries.
- Réservez les campings le plus tôt possible : l'été, ils sont vite complets.

NOUS, ON ADORE…
… OBSERVER LES OISEAUX DES MARAIS SALANTS
… LES PLAGES POUR SE BAIGNER TOUT LE LONG DU PARCOURS
… PÉDALER EN TOUTE TRANQUILLITÉ SUR LES VOIES VERTES

int-Hilaire
Parc naturel régional du Marais poitevin
Vélodyssée
2
ranche-sur-Mer
3
Marans
Pertuis Breton
Anse de l'Aiguillon
5,6
Saint-Martin-de-Ré
Ré
4,7
La Rochelle
tioche
Saint-Georges-d'Oléron
Île d'Aix
ARRIVÉE
8,9
Boyardville
on
Dolus-d'Oléron
Rochefort
10
La Charente
Marennes
La Tremblade
La Seudre
Saintes

30

Les aventures d'Olivier

L'épopée de la pagaie

NAVIGATION SAUVAGE SUR LA GARTEMPE ET LA VIENNE

Canoë ou kayak? Les deux, mon capitaine! Au cours de cette itinérance sportive au fil de l'eau, on passe d'une embarcation à l'autre. Au programme : trois jours sur la Gartempe, secrète et sauvage, à bord d'un canoë familial, volumineux et confortable. Puis une journée au ras des flots, sur la Vienne, large mais docile, dans de petits kayaks rapides. Pour relier les deux rivières, une longue marche à travers la campagne de Touraine. Trente-cinq kilomètres de ferme en ferme en suivant le balisage du GR364. Pour dormir, pas besoin de se charger : cabanes et tentes vous attendent en chemin! Affûtez tout de même bras et mollets!

6 jours
À partir de 8 ans

ÉTAPES
Montmorillon
Saint-Savin (j. 1)
Saint-Pierre-de-Maillé (j. 2)
La Roche-Posay (j. 3)

DISTANCE
60 km (20 km/j.)

DURÉE
Env. 5h/j.

DIFFICULTÉ
Abordable par tous, navigation de classe 1

LOCATION DE CANOËS
La Fourmy : dépose à Montmorillon, récupération à La Roche-Posay

RAVITAILLEMENT
Tous commerces à Saint-Savin et à La Roche-Posay ; épicerie à Saint-Pierre-de-Maillé

NUITS
Camping du Moulin de la Gassotte (j. 1)
Camping Le Grand Pré (j. 2)
B&B L'Escale (j. 3)

Jours 1, 2 et 3 Canoë

Montmorillon → La Roche-Posay

1

Paisible oui, domestiquée pas vraiment. Depuis notre départ près du vieux pont de Montmorillon, la Gartempe se faufile à travers une nature foisonnante qui ne cesse d'interpeller les enfants. « Regardez, des arbres taillés comme des crayons? — C'est l'œuvre des castors, jeunes trappeurs! » Pour avoir une chance de les apercevoir, il faut se montrer discret. Malheureusement, pas de queue plate en vue aujourd'hui… mais nos yeux attentifs captent le plongeon fugace et coloré d'un martin-pêcheur. Sur la Gartempe, le silence est toujours récompensé!

Autre animation qui met les enfants en émoi : les franchissements de barrage. Au moulin de Roche, c'est même une passe à saumons qu'il faut dévaler. Pas question, bien sûr, de faire le grand saut. Des glissières permettent de passer sans encombre au

prix d'une belle accélération. Encore un tour de toboggan!

Avec sa coque relevée et une assise digne de ce nom à l'abri des éclaboussures, notre canoë canadien est l'embarcation idéale pour enchaîner les kilomètres en mode tribu. On aurait pu charger à bord notre propre matériel de bivouac. Mais nous avons préféré voyager léger. Dans notre bidon étanche, des affaires de rechange et de quoi concocter des pique-niques de luxe au bord de l'eau. Pour dormir ce soir, une cabane de toile nous attend à Saint-Savin. Les contraintes logistiques sont réduites, mais l'aventure reste authentique.

Deuxième journée. La nature

LE PASSAGE DU DÉVERSOIR DE SAINT-PIERRE-DE-MAILLÉ EST MAGIQUE !

Esprit d'aventure

Des représentations d'hommes et d'animaux figées dans la roche depuis plus de 15000 ans. Le site du Roc-aux-Sorciers, à Angles-sur-l'Anglin, abrite un trésor de l'humanité. Pour découvrir ce « Lascaux de la sculpture », louez des vélos au camping de Saint-Pierre-de-Maillé. Comptez 10 km aller-retour. Les ruines haut perchées du château médiéval méritent aussi le détour.

↓

Le Roc-aux-Sorciers
Angles-sur-l'Anglin
05 49 83 37 27
www.roc-aux-sorciers.fr

↓

Camping Le Grand Pré
Saint-Pierre-de-Maillé
06 04 46 57 48,
www.campinglegrandpre.com

demeure omniprésente, mais la Gartempe raconte aussi des histoires d'hommes. Depuis les eaux, on embrasse le patrimoine architectural sous un angle insolite : l'abbatiale de Saint-Savin, inscrite sur la liste du Patrimoine mondial de l'Unesco; les moulins pittoresques de Nalliers ou de Busserais; le château de la Roche à Gué, juché sur un promontoire rocheux, comme accroché au ciel... En descendant la rivière, on a parfois l'impression de remonter le temps.

C'est l'heure de faire trempette! Même si la tolérance semble de mise, la baignade n'est pas explicitement autorisée partout. On plonge donc de son canoë à ses risques et périls. Pour vous rafraîchir en toute sécurité, marquez une pause sur l'aire de loisirs de la Bertholière : elle dispose d'une plage surveillée en juillet et août. Délassant après une journée à pagayer.

Après trois jours et 60 km de navigation douce, la Gartempe mêle son courant de velours à la Creuse. La Roche-Posay, tout le monde descend. Ici, notre aventure change de cap!

DÉPART
Lieu-dit Plein Bois, 3 km au sud de La Roche-Posay

ITINÉRAIRE
GR364 jusqu'au franchissement de la Vienne, puis cap au nord sur 4 km, vers Bonneuil-Matours

DISTANCE
35 km

NUITS
Chambre d'hôte La Girauderie (4); bungalow toilé, camping O'Sofa (5)

Jours 4 et 5 Randonnée

La Roche-Posay → Bonneuil-Matours

4

Retour sur la terre ferme. Après une nuit réparatrice dans un vrai lit, nous enfilons nos chaussures de marche légères. Dans nos petits sacs à dos : de quoi manger pour la journée et de l'eau en quantité. À moins d'aller frapper chez l'habitant, il n'y aura pas de ravitaillement en route.

Jusqu'à présent, il suffisait de se laisser guider par le courant. Désormais, il faut rester attentif au balisage rouge et blanc caractéristique des GR.

Un jeu de piste en pleine nature qui ravit les enfants. Nous empruntons la toute première section du GR364, reliant le Poitou à l'océan. Nonchalamment, l'itinéraire nous embarque sur des petites routes et des chemins agricoles. Difficile d'avaler 35 km d'une traite avec de jeunes enfants. À mi-parcours, nous nous arrêtons pour passer la nuit dans une belle maison campagnarde reconvertie en gîte. D'une cour de ferme à l'autre, à travers champs et taillis, nous filons, le lendemain, jusqu'aux rives de la Vienne. L'arrivée est proche. Cette longue marche familiale a été un défi. Nous sommes heureux de l'avoir relevé!

DISTANCE
18 km

DIFFICULTÉ
Navigation facile de classe 1

RAVITAILLEMENT
Tous commerces à Bonneuil-Matours

Jour 6 Kayak

Bonneuil-Matours → Châtellerault

6

Ramons encore! Avec une double pagaie, cette fois-ci. Nous avons troqué notre canoë contre deux kayaks vifs et agiles. Sur chacun d'eux, un binôme enfant-adulte. Bord contre bord, nous simulons un départ de course. Mais, très vite, notre navigation devient contemplative. Comparée à la Gartempe, la Vienne ferait presque office de fleuve. Elle n'en étire pas moins son large lit et ses quelques îlots dans un écrin de verdure. Des hérons cendrés s'envolent lourdement sur notre passage. Des truites se risquent brièvement à la surface. Nous retrouvons le plaisir de prendre de la vitesse sur les glissières des barrages et de passer sous les ponts. Celui de Cenon-sur-Vienne en impose avec ses 105 m de long. Châtellerault est en vue. De hauts immeubles se dessinent à l'horizon. Il nous semble presque rejoindre la civilisation après une longue traversée.

INFORMATIONS PRATIQUES

Accès

Montmorillon : TER depuis Poitiers (TGV) ou Châtellerault (TGV)
Retour en train depuis Châtellerault

Saison : mai-sept.

Hébergements

Camping du Moulin de la Gassotte
Saint-Savin
05 49 48 18 02
www.moulindelagassotte.fr

Camping Le Grand Pré
Saint-Pierre-de-Maillé
06 04 46 57 48
www.campinglegrandpre.com

B&B L'Escale
La Roche-Posay
06 62 51 95 89
www.lescale-bb.com

Chambre d'hôte La Girauderie
Archigny
06 41 14 04 86
https://fr.lagirauderie.com

Camping O'Sofa
Bonneuil-Matours
07 68 40 42 74
www.osofa.fr

Location d'équipement

La Fourmy Canoë-Kayak
Location d'embarcations adaptées à votre profil avec gilets et bidons étanches. Propose des formules avec hébergement inclus. Actif sur la Gartempe et la Vienne.
Bonneuil-Matours
06 15 77 71 97
www.lafourmycanoekayak.com

CONSEILS

- À elle seule, la descente de la Gartempe sur trois jours peut faire l'objet d'une aventure accessible dès 6 ans, si l'enfant est nageur.
- Conservez un téléphone chargé pour vous orienter si nécessaire lors de la randonnée pédestre et pour prévenir le loueur de canoës de votre arrivée à La Roche-Posay.
- Pensez à vos pieds ! Embarquez des chaussons en Néoprène pour la navigation et des chaussures de randonnée légères ou de trail pour la marche à pied.

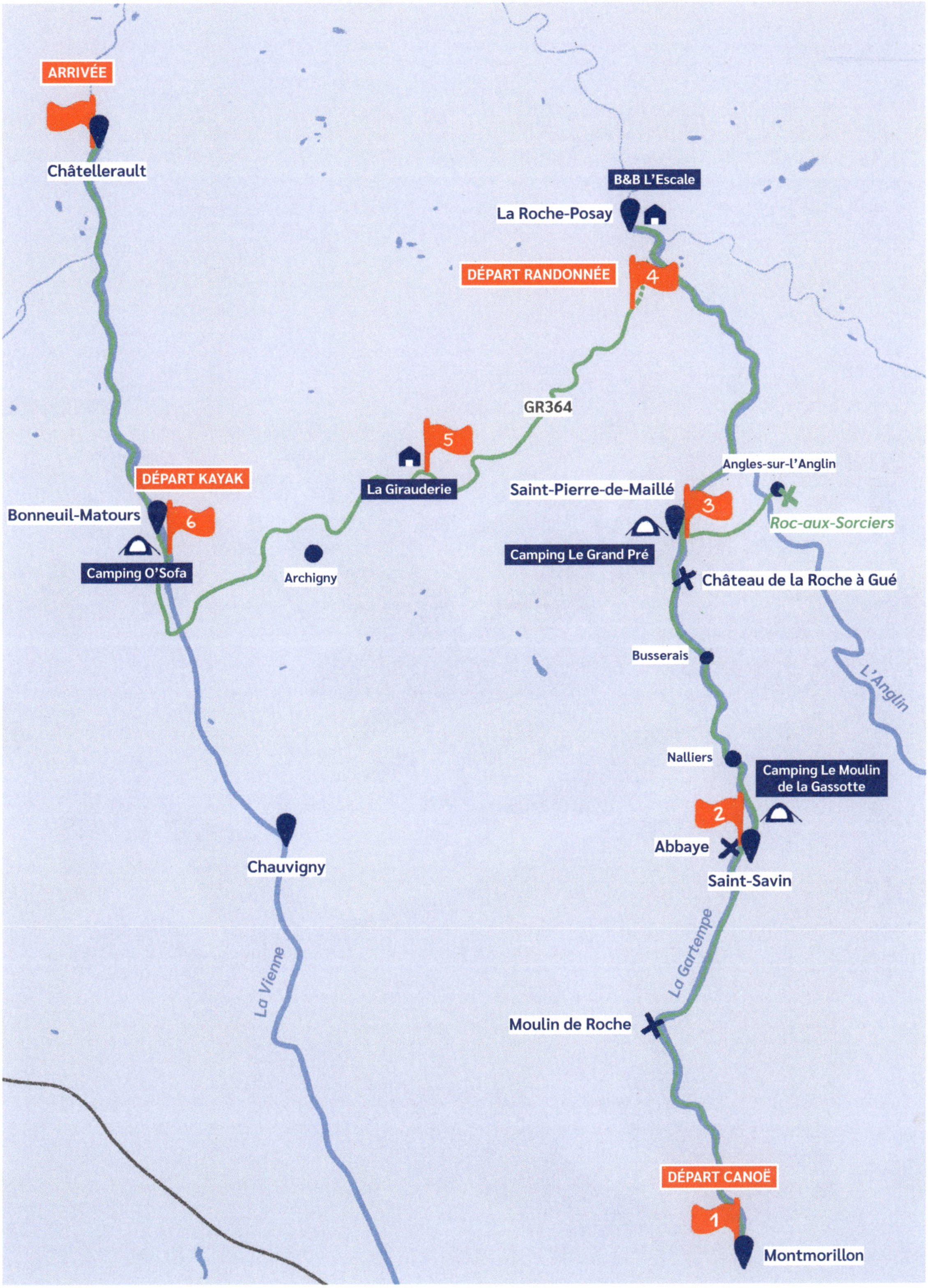

L'épopée de la pagaie

31

Les aventures de Johanna

Sur la trace des thoniers

PÉRIPLE SUR LE SENTIER DES DOUANIERS DE L'ÎLE DE GROIX

On la surnomme « le caillou ». Au large de Lorient, l'île de Groix (à peine 15 kilomètres carrés), que l'on rejoint après une traversée d'une quarantaine de minutes, se dévoile aux visiteurs tel un paradis sauvage aux mille visages : falaises abruptes, lande déserte, plages de sable blanc ou rouge et petits ports de pêche. Pour découvrir l'île, nous optons pour le sentier des douaniers qui en fait le tour – 30 kilomètres environ. Et vérifier ainsi l'exactitude d'un vieux dicton breton : « qui voit Groix, voit sa joie ».

3 jours
À partir de 7 ans

DISTANCE
7 km

ITINÉRAIRE
Sentier des douaniers

NUIT
Locmaria ou bourg

Jour 1

Port Tudy → Locmaria

1

L'arrivée à Groix est en soi un spectacle : sur le pont du ferry, nous observons le bal orchestré par les bateaux de plaisanciers qui côtoient les embarcations de pêcheurs, témoins d'une époque où l'île était le fief de la pêche au thon. Pour commencer le tour du « caillou », direction le quai du Suet, pour rejoindre la petite plage de la Glacière. Là, un escalier mène sur le sentier côtier. Très facile, ce tronçon permet de découvrir quelques-unes des nombreuses plages de l'île avant d'arriver à celle qui fait sa gloire : la plage des Grands-Sables, immense, blanche et convexe. Avec ses eaux cristallines et son sable étincelant, elle nous transporterait presque aux Seychelles! Un paysage aussi éblouissant qu'étonnant, car la plage a la particularité de... se déplacer! En trente ans, elle s'est décalée de plus de 500 m. Les Grands-Sables dépassés, le périple nous fait bientôt traverser l'étonnante plage des Sables-Rouges, puis la réserve naturelle François-Le-Bail, connue pour ses roches remarquables et ses oiseaux marins nicheurs. C'est en flânant dans les ruelles de Locmaria, entre les maisons de pêcheur et d'armateur, que s'achève cette première journée de marche au grand air.

DISTANCE
10 km

ITINÉRAIRE
Sentier des Douaniers

NUIT
Bourg

Jour 2

Locmaria → Pen Men

Après le village de Locmaria, quelques plages parsèment encore le chemin (les criques de Locqueltas et du Storang, où il fait bon s'arrêter pour une pause pique-nique), mais l'île dévoile bientôt son autre visage, entre falaises abruptes (notamment celles qui enveloppent le bien nommé Trou de l'Enfer, vertigineux avec ses 35 m de profondeur) et anses profondes. Quelques lavoirs – l'île en comptait jadis une trentaine – ponctuent l'itinéraire, qui donne aussi l'occasion d'apercevoir des vestiges de sites mégalithiques (le dolmen de Men Yann). Sur cette partie de l'île plein ouest, le vent souffle, mais c'est pour mieux façonner un paysage naturel dont l'aspect sauvage évoquerait presque la lande irlandaise. À l'extrémité de l'île, les sentiers autour du phare de Pen Men (qu'il est possible de visiter l'été) nous offrent des points de vue à couper le souffle sur la mer et les entailles de la côte sauvage. Le spot est prisé des Groisillons le soir, qui viennent y admirer le coucher du soleil. Nous profitons du spectacle avant de reprendre le chemin du bourg (pensez à réserver, la veille, un bus qui viendra vous chercher au phare).

« L'île dévoile son autre visage, entre falaises abruptes et anses profondes... »

LE PHARE DE LA POINTE DES CHATS

Jour 3
Pen Men → Port Tudy

Dernier jour de marche pour boucler le tour de l'île! Du bourg nous reprenons le bus pour rejoindre, en un petit quart d'heure de route, le phare quitté la veille. Le sentier longe le sémaphore puis les remparts du fort du Grognon, construit au 18e siècle pour défendre l'île. Plus loin, en contrebas, une crique aux eaux turquoise sort le grand numéro : on lui a donné ici le surnom de « Tahiti Beach »! Il faut dire que, si la descente est un peu sportive, le jeu en vaut la chandelle : ce petit paradis bleu où s'amarrent chaque week-end les voiliers venus de Lorient est parfait pour la baignade et le snorkeling. Après cette parenthèse, nous reprenons le sentier, qui s'achève au port… La boucle est bouclée, nous avons fait le tour de l'île! Encore un peu de temps et d'énergie? Passez à l'écomusée, installé dans une ancienne conserverie de thon, ou poussez jusqu'au bourg pour acheter quelques souvenirs (caramels mous de Groix ou « pâté gangster » du boucher, une spécialité de l'île) et jeter un coup d'œil à l'église Saint-Tudy, qui occupe la place centrale. Levez les yeux, vous ne rêvez pas : c'est bien un thon qui orne son clocher!

DÉPART
Phare de Pen Men

DISTANCE
7 km

ITINÉRAIRE
Sentier des douaniers

Esprit d'aventure

Ceux qui souhaitent prolonger l'aventure trouveront sur le quai de Port Tudy et dans la rue montant vers le bourg plusieurs loueurs de vélos. Les sentiers côtiers sont interdits aux cyclistes, mais 40 km de chemins intérieurs offrent des possibilités pour découvrir l'île à bicyclette!

Et pour les pêcheurs, même débutants, la boutique Planète Pêche, sur le quai de Port Tudy (quai sud), vend du matériel accessible à tous : nasses pour pêcher dans les mares ou petites lignes pour tenter d'attraper un gobie.

INFORMATIONS PRATIQUES

Accès

Plusieurs compagnies desservent l'île de Groix depuis Lorient (en 45 min), toute l'année. Renseignements sur www.groix.fr

Hébergements

Pour que l'aventure soit complète, essayez de loger au Parcabout (sinon les hébergements sont légion dans l'île), dans la TourNid, sorte de tipi inversé qui peut accueillir 2 adultes et 2 enfants. Les Nid'île, petits cocons suspendus dans les arbres, peuvent accueillir 2 personnes.
www.parcaboutgroix.com
Dans tous les cas, ne manquez pas de passer quelques heures au Parcabout avec vos enfants : c'est avant tout un parc de loisirs acrobatique où d'immenses filets, issus et inspirés des catamarans, tissent une toile en hauteur entre les pins!

Restauration

La Crêperie des Îles
Galettes et cuisine traditionnelle
Bourg

Bar de la Plage
Fish and chips face à la mer
Locmaria

Transport

Deux lignes de bus (35 et 113) parcourent l'île, et ceux-ci bus peuvent venir où vous le souhaitez si vous effectuez la demande à l'avance. Renseignez-vous auprès du conducteur en arrivant au port (arrêt situé près du magasin Coconut's Location) et sur www.ctrl.fr

32

Les aventures de Thibault

Insulaire pour deux jours

UN TOUR DE L'ÎLE DE BRÉHAT À VÉLO ET EN KAYAK

Sur la Côte de Granit rose, un petit archipel se sépare du continent breton par le chenal du Ferlas : au large apparaît l'île de Bréhat. Ici, les véhicules motorisés sont interdits et les routes sont bordées d'une végétation luxuriante. Suivez-les, elles vous mèneront vers de magnifiques criques et plages ainsi qu'un nombre incalculable de phares et de balises pour marins égarés. Pour découvrir tous les secrets de l'île et ses multiples îlots, nous la parcourons à vélo puis en kayak. Bréhat se dévoile petit à petit : le phare du Paon, la chapelle Saint-Michel, le moulin à marée du Birlot, l'épave de la plage de Nod Goven, etc. Deux jours insulaires pour se mettre dans la peau d'un pirate.

2 jours
À partir de 7 ans

DISTANCE
14 km

DÉNIVELÉ
+ 215 m

DURÉE
Une demi-journée ou une journée entière en profitant des plages et des visites

NUIT
La Vieille Auberge

Jour 1 Vélo

Tour de l'île au départ de Port Clos

1

Sur l'île de Bréhat, on vit au rythme de la mer et nous en faisons l'expérience dès notre arrivée à Crec'h Kerio, où nous débarquons sur l'une des trois cales accessibles en fonction de la marée. Une fois les bagages déposés au gîte, et les vélos loués, nous partons explorer l'île du nord en prenant la direction de Pont ar Prat. La route est calme, sans voitures et 15 min suffisent à rejoindre la jointure entre les deux îles. Le pont franchi, le paysage change et laisse place à la côte sauvage avec son lot d'herbes folles, de fougères et de pins. Nous passons devant le stand de la Ferme de Kervilon puis devant le gîte Les Brises et là, à 200 m, apparaît une charmante crique protégée des vents dominants et à l'eau peu profonde. Une baignade, et nous repartons pour le phare du Paon. Le chemin traverse la lande couverte d'ajoncs pour nous mener jusqu'à la plate-forme du phare, construite sur les blocs de granit rose, qui offre une vue à 360° sur l'île. Il est temps de redescendre dans l'île du sud pour découvrir ses maisons de maître et observer sa côte découpée. Direction la plage de Nod Goven et son épave, où les enfants pourront imaginer leurs plus belles aventures autour de l'ancien bateau

de pêche en bois. Sur le chemin, nous croisons la chapelle Saint-Michel, perchée sur une butte à 30 m au-dessus du niveau de la mer : nous y apercevons le moulin à marée du Birlot, qui permettait de moudre le blé noir grâce à l'énergie de la marée. Cette balade à vélo prend fin, nous retournons au bourg pour le dîner et une nuit reposante dans le calme insulaire.

NOUS, ON ADORE...

... VOIR POUR LA PREMIÈRE FOIS UN MOULIN À MARÉE

... PÉDALER SUR DES PETITES ROUTES FACILES ET PRESQUE SANS VOITURES

... FAIRE TREMPETTE DANS L'EAU FRAÎCHE DES CRIQUES SAUVAGES

HEUREUX PARMI LES FLEURS DE L'ÎLE DU SUD

DÉPART
Centre nautique Les Albatros, plage du Guerzido

ITINÉRAIRE
Tour de l'île ou balade plus courte en naviguant entre les îles Logodec, Lavrec et Raguénès Meur

DISTANCE
13 km (tour complet)

DURÉE
1 journée pour le tour complet

Jour 2 Kayak

Tour de l'île par la mer

2

De la plage du Guerzido, nous partons en kayak explorer l'île principale ainsi que ses 86 îlots rocheux. La nature est intacte, et l'eau cristalline. C'est l'occasion de se laisser surprendre au détour d'un méandre en rencontrant aigrettes, cormorans, sternes et même quelques phoques gris facilement observables en sillonnant entre les îlots. Un petit conseil : vous aurez plus de chance de les observer à marée basse quand ils se posent sur des roches plates. Depuis la mer, la vue est inédite. Nous découvrons sous un autre angle les nombreuses criques, les ondulations de la côte, le phare du Paon, tels de véritables marins. La pause du midi se fait en débarquant sur l'île ar-Morbic, au nord-est de l'archipel. Une fois repartis, nous croisons la croix de Maudez, puis nous arrivons à hauteur du moulin à marée du Birlot. Cette fois, nous nous rapprochons pour voir de plus près cette construction au toit de chaume et son incroyable système. Il est temps de rendre les kayaks, d'aller récupérer nos bagages et de prendre la vedette qui nous ramènera au continent.

« L'un des 86 îlots, refuges des oiseaux marins… et des phoques gris ! »

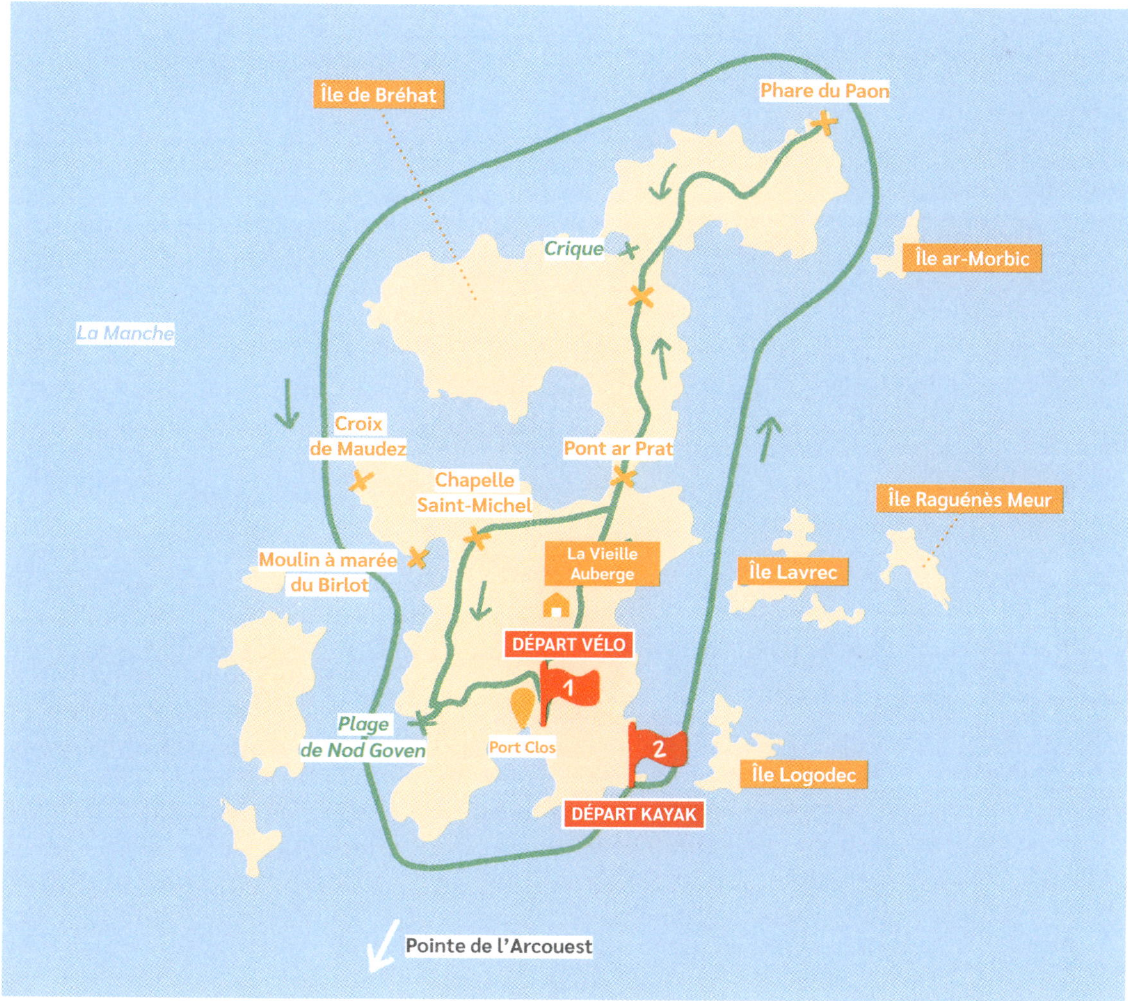

INFORMATIONS PRATIQUES

Accès

Traversée en bateau depuis la pointe de l'Arcouest, à Ploubazlanec. Ploubazlanec se situe à 3,5 km de Paimpol, qui a une gare TER (trains au départ de Rennes via Guingamp).

Vedettes de Bréhat
Ploubazlanec
02 96 55 79 50, www.vedettesdebrehat.com

Hébergements

Camping municipal La Pointe de Goareva
Très belle vue sur la mer et à l'ombre des arbres.
Port Clos, Île-de-Bréhat
02 96 20 02 46, www.iledebrehat.fr

La Vieille Auberge
Le bourg, Île-de-Bréhat
02 96 20 00 24,
www.la-vieille-auberge-brehat.com

Restauration

Le Crech-Kerio
Plats copieux et délicieux. Le restaurant utilise, en très grande majorité, des produits de l'île.
Crec'h Kerio
02 96 20 00 95

Sea, Crêpesn'Sun
Délicieuses galettes et crêpes. Terrasse avec jardin fleuri.
Garen an Traou
02 96 20 75 76, www.seacrepesnsun.fr

Location d'équipement

Dalibot
Location de vélos
Port Clos
02 96 20 03 51,
www.locationvelosbrehat.com
Pâques-sept. et vacances de la Toussaint

Sur Mer
Location de kayaks
Après réservation, rendez-vous près de la plage du Guerzido, au niveau du centre nautique Les Albatros. Réservé aux enfants pouvant nager.
Ploubazlanec
02 96 20 07 24, www.surmerbrehat.com
Mai-sept.

CONSEILS

- Arrivez tôt le matin du premier jour pour avoir le temps de faire le tour de l'île.
- Pour le second jour, il est préférable de naviguer le matin, au calme.

Tous en selle

DE RENNES À SAINT-MALO À VÉLO, LE LONG DU CANAL D'ILLE-ET-RANCE

Relier la capitale de la Bretagne à la cité corsaire en pédalant le long de l'eau, avec en bande-son le chant des oiseaux… Le canal d'Ille-et-Rance, qui fut creusé pour faciliter le transport de marchandises entre la Manche et l'Atlantique, constitue aujourd'hui un épatant terrain de jeu pour des excursions familiales à vélo. Sécurisé et plat, l'itinéraire est prisé des cyclistes amateurs. À la clé, trois jours en pleine nature à faire la course avec les papillons.

3 jours
À partir de 8 ans

DISTANCE
48 km

DURÉE
Env. 4h

NUIT
Ille flottante

Jour 1

Rennes → Hédé-Bazougues

L'aventure commence à Rennes, sur le mail François-Mitterrand, grâce à la véloroute 42, qui promet à ceux qui l'empruntent de rejoindre la Côte d'Émeraude sans difficultés. Quelques coups de pédale plus tard, l'agitation urbaine n'est plus qu'un lointain souvenir : la ville laisse place à un paysage champêtre que seuls peuplent libellules, randonneurs et kayakistes. Le casque sur la tête et les yeux grands ouverts, nous savourons ce spectacle bucolique. Bientôt, l'écluse et le moulin de l'île Robinson s'invitent dans le décor. Le chemin de halage nous plonge au cœur de la campagne bretonne, laissant apparaître de beaux édifices religieux (l'église Saint-Martin à Betton, perchée sur un promontoire, ou celle de Saint-Pierre à Chevaigné, qui vaut le détour pour ses vitraux). Une quinzaine de kilomètres plus tard, nous arrivons à Hédé-Bazouges, dont les 11 écluses forment un immense escalier fluvial pour les bateaux. À la clé, un dénivelé de 27 m sur à peine 2 km! Inspirés par la valse des bateaux observée toute la journée, nous décidons de passer la nuit sur les flots. Pour cela, direction Ille flottante, qui a converti des embarcations – vedettes, péniches, voiliers – en hébergements insolites.

DISTANCE
38 km

DURÉE
Env. 3h

NUIT
Hôtel du Château

Jour 2

Hédé-Bazougues → Dinan

Après une nuit sur l'eau, retour sur les voies de halage pour une nouvelle session de pédalage à travers la campagne bretonne. Seuls quelques petits villages ponctuent le parcours, comme, peu avant d'arriver à Dinan, celui de Léhon, une cité de caractère, dont le décor magique impose une pause. Un spectaculaire pont de pierre enjambe le canal et permet de rejoindre l'abbaye Saint-Magloire, somptueuse avec son cloître et ses jardins (il est possible de découvrir l'édifice en réservant une visite guidée). Les mains à nouveau sur le guidon, on rejoint, 2 km plus loin, la cité médiévale de Dinan. Le port de plaisance offre un cadre sympathique pour déguster une glace, mais c'est sur ses hauteurs que se découvrent les trésors de la ville : ici, 130 maisons à pan de bois, là le château de Dinan, là encore la tour de l'horloge… Tout proche, l'Hôtel du Château propose une sélection de chambres familiales, bienvenues pour reposer les gambettes.

VUE DU HAUT DES REMPARTS DE DINAN

DISTANCE
29 km

DURÉE
Env. 2h30

Jour 3

Dinan → Saint-Malo

3

Retrouvailles avec la Rance dont la lumière, changeante, dévoile les nuances de bleu. Le cours d'eau s'élargit, la mer n'est plus très loin. Pour rejoindre le littoral, il nous faut pourtant d'abord quitter la rivière et regagner, après Saint-Samson-sur Rance, une ancienne voie ferrée reconvertie en voie verte. Sablé et sécurisé, idéal pour les familles, ce tronçon rattache Dinan à Dinard et permet, lorsqu'on le délaisse quelques minutes, d'entrevoir dans les alentours des sites étonnants. Comme celui du Champ des Roches (près de Pleslin-Trigavou), à ne pas manquer, avec son alignement mégalithique. Si la fatigue commence à se faire sentir, cette dernière étape est plus courte que les précédentes

Esprit d'aventure

À Lanvallay, en face de Dinan, le club de canoë-kayak de la Rance loue canoës, kayaks et paddles pour une durée allant de 1h heure à une journée. Des initiations au paddle et des sessions de découverte du kayak pour les 8/12 ans sont aussi programmées.

↓
www.dinanrancekayak.fr

et, bientôt, les villas Belle Époque de Dinard s'invitent dans le paysage, signe que notre expédition touche à sa fin. Puis c'est à la mer, tutoyée par la Rance, de faire son apparition. Au loin, de l'autre côté de l'estuaire, les remparts de Saint-Malo attirent le regard : pour les rejoindre, on peut emprunter une navette maritime à toute heure de la journée – la traversée dure une dizaine de minutes et il est possible de monter à bord avec... son vélo!

INFORMATIONS PRATIQUES

Itinéraire

Vous serez tout le long du trajet sur la véloroute 42 : voie verte du canal d'Ille-et-Rance d'abord puis voie verte de Dinard à Saint-Samson-sur-Rance sur l'ancienne voie ferrée. Voie propre sur la totalité du parcours ou presque (hormis quelques tronçons autour de Dinan). Très peu de dénivelé (370 m). Infos sur www.af3v.org

Hébergements

Ille flottante
Hébergement sur des bateaux
Écluse la Petite Madeleine, Hédé-Bazouges, 06 40 11 12 41, illeflottante.com

Hôtel du Château
Chambres triples, quadruples et quintuples pour héberger les familles
Dinan, 6, rue du Château, 02 96 85 16 20, www.hotelduchateau-dinan.com

Restauration

Crêperie la Fontaine du Jerzual
Dinan , 21b, rue du Jerzual, 02 96 85 45 33

Location d'équipement

Bicyclette Voyages
Loue vélos (électriques notamment) et équipement (casque, sacoche, remorque enfants, remorque bagages...) au départ de Rennes. Et propose des formules tout compris (vélo, hébergement, transport).
www.abicyclette-voyages.com

CONSEILS

• Nous avons fait l'itinéraire avec des vélos électriques, et des remorques pour les enfants. La durée de cette aventure dépend bien sûr de ces deux facteurs : vélo électrique ou non, enfants en autonomie ou non. Même s'il y a peu de dénivelé, les plus jeunes enfants fatigueront plus vite.

34

Les aventures de Thibault

Un soir avec le roi des forêts

À L'ÉCOUTE DU BRAME DU CERF DANS LES FORÊTS DU CALVADOS

Ici, en pays de bocage, le long de la route du cidre, les forêts sont peu nombreuses, mais denses et plantées de chênes majestueux, elles sont le théâtre, à l'automne, d'un phénomène spectaculaire : le brame du cerf. Lors de la saison des amours, au tout début de l'automne, les cerfs se rassemblent dans des zones dégagées et, tête dressée, les mâles émettent ce cri rauque caractéristique, afin d'intimider leurs rivaux et de séduire les biches. Pour observer le roi des forêts et écouter son brame, rien de mieux que d'aller passer une soirée à l'affût. Entre la nuit qui tombe sur la forêt, la fébrilité de l'attente des animaux, puis le son du brame et des bois qui s'entrechoquent... les émotions sont garanties!

2 jours
À partir de 5 ans

PATIENCE ET SILENCE, POUR VOIR LES CERFS APPARAÎTRE !

DISTANCE
500 m

NUIT
La Vignerie

Jour 1

Bois de Bayeux

1

La voiture garée, nous partons à la recherche d'une grande clairière : après quelques minutes de marche, on repère facilement les typiques cabanes d'affût pour les chasseurs, qui feront office de camp de base pour ce soir. Nous laissons jouer les enfants dans la forêt jusque vers 18h, heure à laquelle il faut commencer à faire le silence et se positionner discrètement à l'affût dans la cabane, le regard porté vers la clairière. Il faut être patient, mais, après quelques dizaines de minutes, les premiers cerfs sortent de la forêt tout au bout de la clairière, dans les dernières lueurs du jour. Puis les brames commencent. Un cri grave, profond et tellement puissant qu'il résonne dans toute la forêt (il pourra impressionner les plus jeunes). Les cerfs se battent également en duel, tête contre tête, faisant entrechoquer leurs bois, ce qui donne l'impression qu'un duel à l'épée a lieu tout près de nous. Comme les brames, ils continueront de résonner dans la forêt une bonne partie de la nuit... Un moment incroyable auquel nous ne mettrons fin que quand le froid deviendra trop mordant!

NOUS, ON ADORE...

... ENTENDRE CE CRI INCROYABLE

... S'APPROCHER SI PRÈS DES CERFS

... L'AMBIANCE DE LA FORÊT LA NUIT

Jour 2
Bois de Bayeux

Il faut être très motivé pour donner suite à cette soirée, mais nous vous conseillons de revivre l'expérience au petit matin. Les bois des cerfs dépassent encore de la brume, dans la grande clairière, quand nous montons de nouveau dans l'affût. Leur haleine fumante s'élève en volutes à chaque cri. L'humidité et la fraîcheur matinale nécessitent un bon équipement, mais ce spectacle empreint de nature sauvage en vaut la peine. Et on en profite, car les cerfs ne tarderont pas à se réfugier dans les profondeurs de la forêt, dès que le soleil émergera de la cime des arbres. De retour au gîte, le petit déjeuner, réconfortant, sera l'occasion d'un débriefing détaillé et enthousiaste de cette expérience un peu spéciale, et chacun prendra conscience de la valeur de ce moment au contact direct avec le roi des forêts.

> « *Les yeux des enfants s'ouvrent comme des billes à la recherche de ceux des parents, pour valider qu'il s'agit bien d'un animal sauvage et non des hurlements d'un monstre.* »

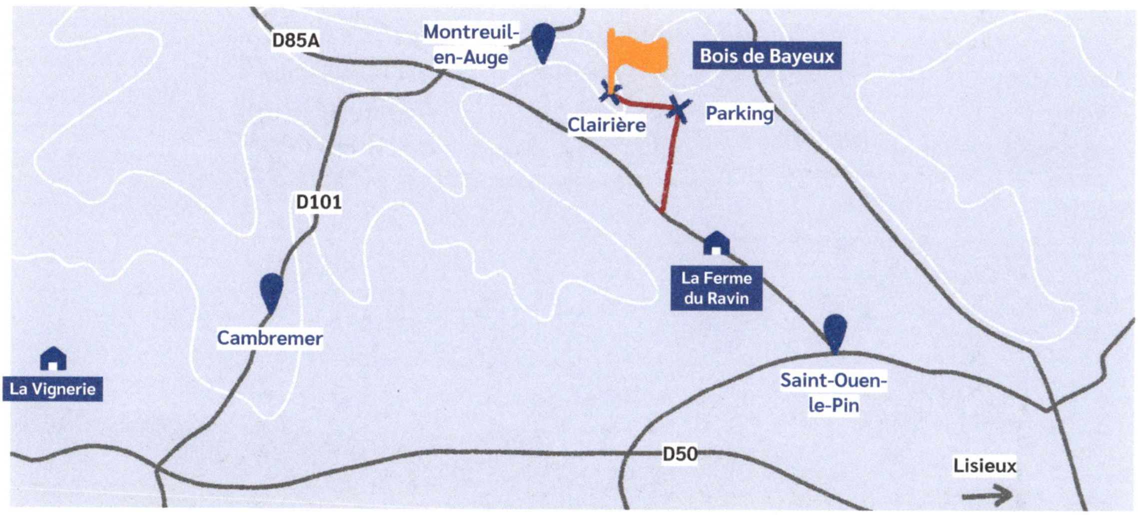

INFORMATIONS PRATIQUES

Accès

Ralliez Montreuil-en-Auge par la D85A (ou route du Bois-de-Bayeux) depuis Saint-Ouen-le-Pin (à 10 km à l'ouest de Lisieux). Passé la ferme du Ravin, continuez 500 m et prenez le chemin forestier carrossable qui s'enfonce dans la forêt (chemin de la Faisanderie). 700 m plus loin, garez-vous au niveau de la vieille bâtisse.

Hébergement

La Vignerie
3 chambres d'hôte (jusqu'à 4 pers.).
Dans un ancien corps de ferme.
Cambremer
02 31 48 93 82, lavignerie.free.fr

CONSEILS

• Pour observer les cerfs dans les meilleures conditions, faites le moins de bruit possible, soyez patient et prévoyez des jumelles. Pour ne pas les déranger (et pour votre sécurité), restez à distance ! Et faites preuve de bons sens : ne les éclairez pas, par exemple.

• Le soir, il faut arriver avant le coucher du soleil ; le matin, il est préférable d'être sur place juste avant le lever du jour.

• Vous pouvez aussi envisager de bivouaquer, mais, ces forêts étant pour la plupart privées, il faudra dans la mesure du possible demander l'autorisation du propriétaire avant de vous installer (loin des cerfs, bien sûr).

• Bien sûr, vous pourrez assister au brame du cerf dans de nombreuses forêts en France. En Normandie, les cerfs peuplent aussi les forêts de Lyons, des Andaines, d'Écouves, etc. Il est parfois possible de prendre part à une sortie avec un accompagnateur spécialisé, rapprochez-vous des offices de tourisme et des ONF.

35

Les aventures de Johanna

Le Vexin au ralenti

RANDONNÉE AVEC UN ÂNE

2 jours
À partir de 4 ans

Nul besoin de rejoindre le chemin de Stevenson pour oser l'aventure avec un âne. Direction le Vexin, ses villages de charme et son paysage champêtre pour passer le week-end en famille, en compagnie d'un baudet. Une façon originale et simple de se reconnecter à la nature en prenant le temps de la contempler, au rythme de l'animal. Non sans humour, notre ânier évoque même une certaine « z'âne attitude »!

DISTANCE
Variable, env. 8 km

DURÉE
Demi-journée

NUIT
Bivouac

Jour 1

Longuesse → Condécourt → Bivouac

1

Oubliés, les commerces de Cergy-Pontoise, que l'autoroute longeait encore il y a quelques minutes. Notre voiture traverse désormais les champs de colza et de blé du parc naturel régional du Vexin. Cap sur le village de Longuesse, où l'on peut, le temps d'un week-end, randonner en compagnie d'un âne. Gilles, le responsable du centre Ânes en Vexin, nous présente l'animal qui va nous escorter : Indiane est née en 2008, pèse 200 kg et transportera nos sacs. Top départ! À travers champs et bois, nous avançons doucement, tandis que Gilles nous livre des informa-

tions sur la flore locale, comme ce lierre dont il explique qu'il suffit de le bouillir pour fabriquer de la lessive. La balade se fait au rythme de l'âne, qui s'arrête pour brouter toutes les 10 min. Ces interruptions répétées créent une sorte de jeu avec les plus jeunes, qui s'improvisent responsables de la circulation! Le soir venu, notre groupe s'arrête dans un bois, où un campement est improvisé sur un terrain que connaît notre ânier. Après une leçon d'observation des traces des animaux sur le sol, place au dîner façon trappeur : saucisses et pommes de terre cuites au feu de bois, camembert fondu dans les braises... avant de s'endormir sous la tente, bercé par le souffle du vent dans les branches.

DISTANCE
Env. 6 km

DURÉE
Demi-journée

Jour 2

Bivouac → Vigny → Longuesse

2

Nulle sonnerie de réveil, mais le chant des oiseaux. En voilà un beau dimanche matin, qui commence avec un petit déjeuner au milieu de la forêt et un café à l'ancienne, réchauffé sur le feu! Après les retrouvailles avec Indiane, que les enfants considèrent désormais comme un membre de la famille, la promenade reprend, faisant se succéder plusieurs visages du Vexin : ses parties boisées, son plateau cultivé. Nous passons près de la petite rivière de l'Aubette de

Esprit d'aventure

Et si vous descendiez en canoë l'Epte, cette jolie petite rivière qui marque la frontière entre l'Île-de-France et la Normandie? Au cœur d'une zone classée Natura 2000, entre forêts et champs, des parcours de 1h30 à 3h30 sur l'eau (avec retour en navette) adaptés aux familles.

↓

Canoepte
Au départ de Saint-Clair-sur-Epte
Avr. à mi-oct.
06 19 57 52 53
canoepte.com

Meulan, un affluent de la Seine, puis longeons la réserve naturelle du site géologique de Vigny-Longuesse. Des morceaux de pierre calcaire jonchent le sentier. Pas n'importe quels cailloux puisque cette pierre a 65 millions d'années! Bientôt, le village de Longuesse et sa charmante église apparaissent à l'horizon, signe que notre périple touche à sa fin. Les adieux avec Indiane sont un peu difficiles pour les enfants, qui n'attendent plus qu'une chose : revenir pour une autre sortie, en autonomie cette fois!

INFORMATIONS PRATIQUES

Accès

De Paris, prendre l'A15, 40 km (sortie 15).
Ou RER A jusqu'à la station de Cergy-le-Haut, où les âniers pourront venir vous chercher.

Hébergement

Ânes en Vexin
Dans la formule accompagnée, le bivouac est assuré par l'équipe. Il vous faudra simplement apporter vos sacs de couchage. Dîner et petit déjeuner sont aussi fournis. La rando libre est bien sûr possible, avec mise à disposition du site de bivouac, gîte ou chambre d'hôte.
Longuesse
www.anesenvexin.fr

Restauration

Les Randonneurs
Une cuisine traditionnelle pour reprendre des forces le dimanche midi.
Longuesse

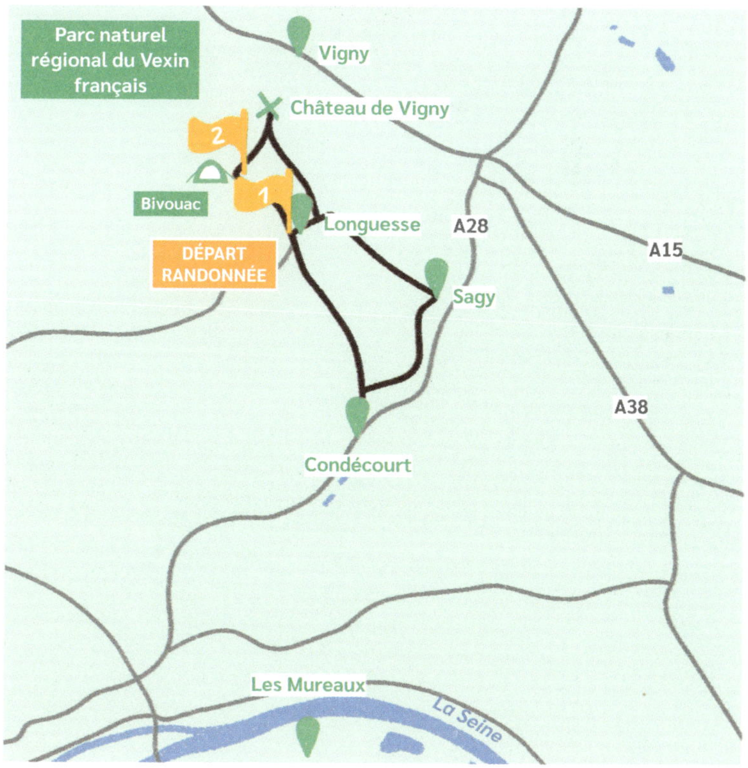

36

Les aventures de Johanna

Une autre Normandie

RANDONNÉES LE NEZ AU VENT À LA POINTE DU COTENTIN

C'est une Normandie moins célèbre que celle des casinos et des plages parsemées de parasols : peu fréquenté des touristes, le littoral du Cotentin constitue pourtant une destination parfaite pour qui rêve de falaises et d'étendues sauvages balayées par les vents. Jacques Prévert, qui vécut dans les environs, avait baptisé la région « le Finistère le plus proche de Paris »: cap sur le cap de la Hague, pour deux jours de randonnée au grand air.

2 jours
À partir de 7 ans

Jour 1

Goury → Nez de Jobourg

Point de départ de notre excursion, la croix du Vendémiaire (à Goury), érigée en hommage à l'équipage d'un sous-marin disparu en 1912, semble dialoguer avec le spectaculaire phare de Goury (ou phare de la Hague), au large. Haut de 48 m, celui-ci fut mis en service il y a deux siècles pour protéger les marins des terribles courants du raz Blanchard. Heureusement, c'est sur la terre ferme que nous partons explorer ce littoral souvent baptisé « la Petite Irlande », en rejoignant le GR223 en direction du sud. Au loin, l'île Anglo-Normande d'Aurigny s'invite dans le décor. Nous passons par la baie d'Écalgrain,

ITINÉRAIRE
GR223

DISTANCE
16 km AR

DURÉE
Env. 5h

NUIT
Auberge des Goubelins

NOUS SOMMES ICI DANS LE DOMAINE DU CORMORAN HUPPÉ

chérie des parapentistes, qui déroule son étendue de sable clair. Bientôt, le nez de Jobourg apparaît, avec ses falaises abruptes, hautes de 128 m. Peu importe la météo, le spectacle est saisissant même pour les habitués, comme ces cormorans huppés et faucons pèlerins, fidèles du lieu. Pour revenir à Goury, nous faisons simplement le chemin en sens inverse (8 km). Il est aussi possible d'attraper l'un des bus touristiques mis en circulation par Cap Cotentin (ligne A). En prenant ensuite la route pour l'auberge des Goubelins, un petit détour nous amène au ravissant Port Racine, réputé comme étant le plus petit port de mouillage de l'Hexagone!

DÉPART
Jardin botanique du château de Vauville

ITINÉRAIRE
GR223

DISTANCE
22 km AR

DURÉE
Env. 6h

Jour 2

Jardin de Vauville → Siouville-Hague

Après un copieux petit déjeuner à l'auberge, nous rejoignons, pour une leçon de botanique, le jardin de Vauville. Celui-ci recèle plus d'un millier d'espèces de plantes originaires de l'hémisphère austral, des palmiers de Chine aux fougères royales de Tasmanie. Retour, ensuite, à la randonnée sur le chemin des douaniers, qui serpente entre l'aérodrome et la réserve naturelle de la mare de Vauville. Sur notre droite, la plage s'étend à perte de vue. Bientôt, le massif dunaire de Biville, formé par l'action conjointe de la mer et du vent, déroule son étonnante mosaïque de dunes et de petits plans d'eau, que les pluies inondent chaque hiver. Perché à 125 m, un calvaire offre un magnifique point de vue sur l'anse de Vauville. Les plus courageux continueront leur marche jusqu'à Siouville-Hague, paradis des surfeurs. Les autres reviendront sur leurs pas, pour découvrir le paysage illuminé par le soleil se rapprochant peu à peu de l'horizon.

Esprit d'aventure

Connaissez-vous le coastering? Cette discipline, qui emprunte à la fois au canyoning et à l'escalade, s'adresse aux amateurs de sensations fortes. Encadré par un sauveteur en mer, équipé d'un casque, d'une combinaison et d'un gilet de sauvetage, on crapahute sur les rochers, saute des falaises, plonge dans la mer... Des initiations sont organisées sur la baie d'Écalgrain. Enfants à partir de 12 ans.

↓

www.normandie-tourisme.fr
coasteering@secourisme50.com

↓

INFORMATIONS PRATIQUES

Accès

Goury se situe à 30 km à l'ouest de Cherbourg par la D901.
En transports en commun : toutes les infos sur www.capcotentin.fr

Hébergements

Auberge des Goubelins
Parfaite avec ses chambres pour 4.
Omonville-la-Rogue
02 33 01 02 20,
www.aubergedesgoubelins.com

La Yourte cotentine
Denneville
www.encotentin.fr

Restauration

Le Bac à Sable
À quelques mètres de la plage, ce café ouvert à la belle saison est idéal pour les familles, avec son aire de jeux, sa bibliothèque, ses quiz musicaux et sa petite restauration.
Saint-Lô-d'Ourville

La Maison du Biscuit
Cette incroyable biscuiterie XXL, dont le décor semble sorti d'un rêve d'enfant, vend d'inoubliables financiers.
Sortosville-en-Beaumont
www.maisondubiscuit.fr

Champignons, baies et plantes sauvages à croquer

Des cèpes en omelette, des fraises des bois ou des myrtilles pour un quatre-heures gourmand, de l'ail des ours en pesto, une poignée de chénopodes blancs pour une cure de vitamine C… un vrai festin de la nature vous attend dans les sous-bois humides, au bord des ruisseaux, dans les buissons de ronce ou dans les alpages. Réveillez le cueilleur qui sommeille en votre enfant !

LES CHAMPIGNONS

CÈPE

Pied trapu, chapeau noisette, tubes jaune clair ; présent dans les zones riches en mousse, sous les pins, les hêtres et les chênes.
Saison : juin-novembre (selon la variété).

TROMPETTE-DE-LA-MORT

Chapeau brun noir ou cendré en forme d'entonnoir, sans plis ni lames, pied noirâtre très court ; présente en groupe sous les hêtres, les charmes, les chênes et les noisetiers. Pas facile à repérer, car souvent sous les feuilles mortes.
Saison : août-novembre.

CHANTERELLE

De couleur jaune-orangé, chapeau creusé au centre, avec plis dessous ; présente en groupe sous les feuillus et les conifères, sur les talus, aime les sols chauds et humides.
Saison : juin-novembre.

MORILLE

Haut chapeau foncé formé d'alvéoles irrégulières, pied blanchâtre ; présente dans les zones fraîches et humides, au bord des cours d'eau, dans les vergers, dans les vignes ou les terrains en friche.
Saison : mars-mai.

LES FRUITS SAUVAGES

MYRTILLE

Ses fruits bleu foncé sont légion en moyenne montagne à la fin de l'été. À déguster fraîche, en sirop, sur une tarte ou dans un muffin…
Saison : juillet-septembre.

FRAISE DES BOIS

Ce petit fruit très goûteux pousse à l'état sauvage dans les bois et à leurs lisières.

MÛRE

Les mûriers sauvages (ronce commune) sont très répandus dans les friches, les haies des bords de chemins, les lisières des bois.
Saison : juillet-septembre.

On le connaît tous, il pousse partout ! Ses jeunes feuilles tendres, riches en vitamine C, sont bonnes en salade (ajoutez-y un œuf mollet ou des lardons).
Saison : printemps et automne.

LE PISSENLIT

LE PLANTAIN

Ses jeunes feuilles se dégustent en salade, mais elles sont aussi efficaces contre les piqûres d'insecte ou d'ortie. Après avoir froissé quelques feuilles, appliquez le cataplasme sur la zone concernée. Idéal pour soulager les enfants !

Ses jeunes pousses sont excellentes en soupe, dans une quiche à la place d'épinards, crues en salade ou en pesto. En les attrapant par le dessous et en remontant vers le haut, on évite de se piquer en ramassant ses feuilles. L'ortie est riche en protéines, en vitamine C et en fer.
Saison : au printemps pour les jeunes pousses.

L'ORTIE

Les jeunes pousses et cônes d'épicéa peuvent être utilisés pour confectionner un sirop. Avec leur goût acidulé et citronné, les jeunes pousses sont très bonnes crues en salade ou à machouiller. Le sirop est excellent contre la toux.
Saison : mai-juin.

L'ÉPICÉA

CHÉNOPODE BLANC

Dit aussi « épinard sauvage ». Tige haute rougeâtre, feuilles d'un vert grisâtre, recouverte d'une poudre blanche ; présente en lisière de bois, dans les terres remuées et les sols riches de bras mort.
Jeune, la feuille se mange en salade, puis cuite comme des épinards.
Saison : mars-septembre.

L'AIL DES OURS

L'ail des ours aime la fraîcheur et l'ombre des sous-bois, où il se développe en larges plates-bandes. Ses feuilles, froissées, dégagent une odeur d'ail qui ne prête pas à confusion ! Dégustez ses feuilles en salade (à la place de la ciboulette), en pesto, en soupe ou en tisane. Sa feuille est un antibactérien naturel, riche en vitamine C.
Saison : avril-mai.

CONSEILS

Ne ramassez que les champignons que vous pouvez identifier avec certitude. En cas de doute, pour éviter tout risque d'intoxication, ne les consommez pas ou apportez-les à un pharmacien mycologue pour qu'il les identifie. Les applis d'identification ne sont pas toujours fiables.
Ne mélangez jamais plusieurs espèces de champignons, vous pourriez mettre en contact des spécimens vénéneux avec des espèces comestibles.

Ramassez champignons, baies et plantes sauvages loin des sentiers, des bords de routes, des champs et jardins cultivés (présence d'insecticides et de fongicides). Dans tous les cas, rincez-les abondamment à l'eau.

Fraises des bois, myrtilles et mûres poussant près du sol, elles sont exposées aux parasites présents dans les excréments des chiens et des renards. Cueillez les plus hautes et rincez-les bien avant de les consommer !

La cueillette des végétaux est en général interdite dans les réserves naturelles et les parcs nationaux. Renseignez-vous !

37

Les aventures de Thibault

Dans la forêt pas si lointaine

RANDONNÉE À VÉLO DANS LA FORÊT DE COMPIÈGNE

2 jours
À partir de 8 ans

À une heure de Paris, voici l'un des plus anciens massifs forestiers de France : la forêt de Compiègne. Si elle fut longtemps le terrain de chasse des rois, elle est aujourd'hui un formidable terrain de jeu pour nous et nos aventuriers en herbe! Et c'est à vélo que nous l'avons parcourue, par un itinéraire facile, en boucle, qui file entre les arbres. La forêt est striée de 900 kilomètres de chemins, indiqués par d'innombrables poteaux dessinés il y a deux siècles! Une aventure à deux pas de la ville…

ITINÉRAIRE Piste cyclable à travers la forêt (suivre Pierrefonds via Saint-Jean-aux-Bois)	**DISTANCE** 18 km **DÉNIVELÉ** + 80 m	**DURÉE** Env. 2h **NUIT** Camping Le Cœur de la Forêt

Jour 1

Compiègne → Pierrefonds

Après avoir admiré le célèbre château, les premiers coups de pédale nous font traverser la ville pour rejoindre l'orée de la belle forêt de Compiègne. Le début du parcours consiste en de grandes lignes droites, sur une route forestière longée par une piste cyclable. Au bout de quelques kilomètres, on quitte la route pour s'enfoncer dans la forêt sur un chemin cyclable. Quel plaisir d'être en forêt! Les petits arrêts pour ramasser des mûres se multiplient et il n'est pas rare de croiser un chevreuil ou même un cerf au détour d'un chemin. Le village de Saint-Jean-aux-Bois, situé en pleine forêt, sera l'occasion d'une petite pause (on y trouve aussi l'un des plus vieux chênes de France, voir p. 238). Nous reprenons la route, dans un environnement superbe, et arrivons enfin à Pierrefonds, ville elle aussi célèbre pour son château : moins solennel que celui de Compiègne, un peu plus « conte de fées »!

Esprit d'aventure

Profitez de cette aventure pour grimper dans les arbres au parc acrobatique Grimp A l'Arb, dans la forêt près de Pierrefonds.

↓

grimpalarb.fr

Ou bien profitez de la forêt pour une randonnée à cheval en famille, en compagnie d'une guide équestre chevronnée.

↓

Réservation auprès de l'office de tourisme de Compiègne
03 44 40 01 00
tourisme@agglo-compiegne.fr

DÉPART
Camping Le Cœur de la Forêt

ITINÉRAIRE
Piste cyclable à travers la forêt (suivre Compiègne via Vieux-Moulin)

DISTANCE
20 km

DÉNIVELÉ
+ 80 m

DURÉE
Env. 2h

Jour 2

Pierrefonds → Compiègne

Avant de partir, nous allons remplir notre panier de pique-nique à la boucherie Maurice-Bigot, championne de France du boudin noir, rien de moins! Puis nous replongeons directement dans la forêt : la boucle se poursuit par une piste cyclable qui emprunte les chemins des étangs de Saint-Pierre, un écrin naturel de toute beauté. Les oiseaux sont innombrables, on y aperçoit même avec un peu de chance des martins-pêcheurs.

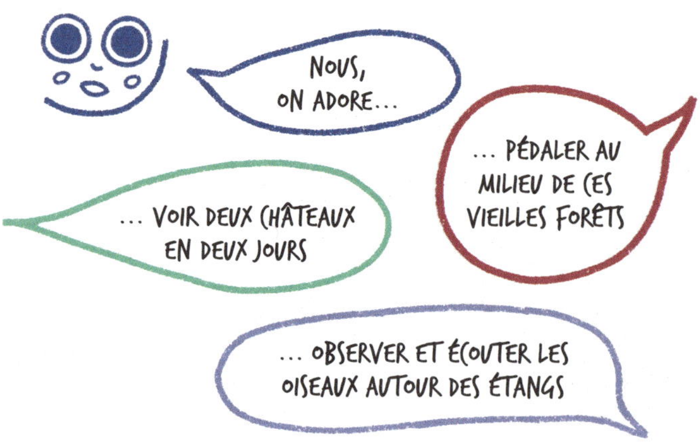

La piste continue vers le village de Vieux-Moulin, lui aussi perdu dans les bois. Avez-vous remarqué les traits rouges sur les poteaux indicateurs? Ils indiquent la direction du château et ont été tracés sur ordre de Napoléon III après que l'impératrice Eugénie s'est perdue avec sa suite un soir dans la forêt! Nous continuons vers le belvédère des Beaux-Monts qui, après une petite montée, nous offrira une vue plongeante sur la formidable trouée forestière qui mène droit au château de Compiègne. Ces derniers instants nous reconnectent un peu avec la civilisation et les bruits de la ville, que nous rejoignons 4 km plus loin.

INFORMATIONS PRATIQUES

Accès

Compiègne se situe à 80 km au nord de Paris par l'A1.
La ville est accessible depuis Paris en 40-55 min de train (départ gare du Nord). Si vous avez une belle motivation, vous pouvez aussi partir de Paris à vélo, passez directement à la p.234.

Hébergement

Le Cœur de la Forêt
Camping et hébergements insolites
Pierrefonds
03 44 42 80 83, lecoeurdelaforet.fr

Restauration

La Fontaine Saint-Jean
Saint-Jean-aux-Bois
03 44 96 22 56

Charcutier traiteur Maurice-Bigot
Pierrefonds
03 44 42 80 52

Location d'équipement

Picardie Forêts vertes
Location de vélos. Livraison possible à la gare de Compiègne
Compiègne
www.picardieforetsvertes.fr

CONSEILS

- Ne vous chargez pas trop en pique-nique, les villages que l'on traverse comptent quelques petites pépites pour se sustenter.

38

Les aventures d'Olivier

Premier 100 bornes

PARIS-COMPIÈGNE À VÉLO, LE DÉFI DE PICARDIE

2 jours
À partir de 10 ans

Voici une aventure que vous pouvez improviser à la dernière minute. Depuis le cœur de la capitale, enfourchez votre vélo de tous les jours pour un grand défi familial : parcourir 100 kilomètres à la force des mollets! Pas d'inquiétude, ce challenge en deux étapes est abordable par le plus grand nombre. Sans relief trop prononcé, le tracé se faufile loin de l'agitation parisienne par des voies paisibles. Une mise au vert express avec nuit en auberge, château féerique et sentiers secrets à travers la forêt. Cap sur la Picardie!

DISTANCE
60 km

DURÉE
Env. 5h

DÉNIVELÉ
+ 270 m

NUIT
Auberge de Fontaine

Jour 1

Paris la Villette → Fontaine-Chaalis

Quelques petits bateaux de plaisance somnolent sur les eaux figées du bassin de la Villette. Samedi oblige, Paris s'attarde dans sa torpeur matinale. D'ordinaire, à cette heure-ci, on monte en selle pour aller travailler. Mais aujourd'hui, nos vélos du quotidien sont des partenaires de voyage.

Si nous nous sommes levés tôt, c'est pour pouvoir prendre le temps. Rouler 100 km d'accord, mais pas question de transformer notre rando en contre-la-montre!

Premier objectif : s'échapper de la capitale. Rien de plus simple : le canal de l'Ourcq fait office de guide. Il nous emporte en douceur vers Pantin, puis Bondy, en nous épargnant la pression de la circulation. Rassurant avec des enfants!

L'itinéraire que nous empruntons est un axe majeur de l'itinérance cyclable en Europe. Son nom : l'EuroVelo3 ou Scandibérique. Dans son intégralité, il relie l'Espagne à la Norvège sur plus de 5000 km.

En guise de Grand Nord, ce week-end, on se contentera de la Picardie!

Progressivement, l'environnement urbain relâche son emprise. Plantés à intervalles réguliers, les arbres forment au-dessus du canal une épaisse voûte végétale. À la sortie de ce tunnel vert, la campagne a définitivement pris le dessus. À Gressy, km 25, s'ouvrent les vastes étendues cultivées de la plaine de France. Fini le chemin de halage, place à des pistes agricoles et à des petites routes transversales qui, de village en village, fendent les aplats jaunes des tournesols et des colzas. On improvise un goûter dans l'herbe au pied de peupliers couverts de gui en observant le manège de deux lièvres intrépides sur une butte voisine.

Changement de décor en fin d'étape. Une longue piste de terre nous fait pénétrer dans les profondeurs de la forêt d'Ermenonville. Pins, bruyère, émergences sableuses, on se croirait dans les Landes. Au lieu-dit la Croix-Neuve, km 55, on quitte notre fil d'Ariane, l'EuroVelo3, pour filer vers notre gîte du jour, une auberge campagnarde dans le bourg plein de charme de Fontaine-Chaalis.

LA FORÊT POUR NOUS SEULS…

DÉPART Fontaine-Chaalis	**DÉNIVELÉ** + 320 m
DISTANCE 51 km	**DURÉE** Env. 4h

Jour 2

Fontaine-Chaalis → Compiègne

Nous sommes partis légers. Sur nos VTC de tous les jours, nous avons seulement ajouté une paire de bidons et deux sacoches sur le porte-bagages arrière. De quoi embarquer des vêtements de rechange et des provisions pour les pique-niques. Même si la remorque des enfants se fait ressentir dans les quelques raidillons du parcours, nous tenons nos 15 km/h de moyenne. Sans les pauses… Et aujourd'hui encore, elles sont nombreuses tant ce secteur de l'Oise rurale compte de curiosités. Le donjon en ruine de Montépilloy, les ruines gallo-romaines de Champlieu ou tout simplement, pour les enfants, des vaches placides ruminant au bord de la chaussée.

À mi-parcours, la forêt reprend ses droits. Celle de Compiègne, cette fois. Une étroite sente goudronnée qui glisse de vallon en vallon au milieu

des fougères nous fait quitter Saint-Jean-aux-Bois. Cet étonnant toboggan sylvestre débouche en périphérie de Pierrefonds (km 33), le point d'orgue de l'étape. Les imposantes tours coniques de son château apparaissent comme par enchantement à la faveur d'une trouée entre les arbres. Perché sur un promontoire, l'édifice médiéval, profondément remanié par Viollet-le-Duc au 19e siècle, a abrité le tournage de la série britannique *Merlin*.

Nous laissons derrière nous cet avatar de Camelot et replongeons au cœur de la forêt. Un œil sur notre compteur : il indique 101 km! Sans même nous en rendre compte, nous avons relevé notre défi! Entre les arbres, nous improvisons une farandole de la victoire pour célébrer cette réussite familiale. L'aventure, toutefois, n'est pas tout à fait terminée. Une dizaine de kilomètres nous séparent de Compiègne, notre ligne d'arrivée. En montant dans le train, toute la famille en convient : rouler 100 bornes, c'est peut-être impressionnant, mais ce n'est pas très compliqué!

Esprit d'aventure

C'est l'un des doyens des forêts de France. Le chêne de Saint-Jean aurait été planté sous le règne de Saint-Louis… il y a plus de 750 ans! Dévoré par le temps et par les champignons, l'arbre séculaire mérite qu'on se rende à son chevet avant qu'il ne s'effondre. Ses dernières branches ont sans doute quelques murmures des profondeurs de l'Histoire à partager. Depuis Saint-Jean-aux-Bois, prévoir un petit détour de 2 km sur chemin forestier.

INFORMATIONS PRATIQUES

Accès

Toute gare Paris intra-muros. Retour : train Compiègne-gare du Nord (env. 1h)

Saison

Printemps et été de préférence, mais possible toute l'année si météo favorable

Hébergement

Auberge de Fontaine
Auberge traditionnelle et rustique dans la forêt d'Ermenonville. Table du terroir.
Fontaine-Chaalis
03 44 54 99 03, www.aubergedefontaine.fr
95€/nuit (+ 25€/lit). Petit déjeuner 10€.

Location d'équipement

Paris à Vélo
Vélos de randonnée, vélos à assistance électrique (VAE), remorques, sièges-enfant, sacoches.
Paris (11e)
01 48 87 60 01, www.parisavelo.fr

Street Cycle
Vélos de gravel et sacoches bikepacking.
Paris (11e)
06 47 58 32 46, www.steelcyclewear.com

CONSEILS

- Itinéraire réalisable avec un enfant à partir de 9 mois à bord d'une remorque.
- Le parcours compte quelques sections avec un revêtement rustique (gravel). Les pneus trop lisses et étroits, typés route, ne sont pas recommandés.
- Pas de porte-bagages ? Optez pour des sacoches bikepacking qui se fixent avec sangles ou scratchs.
- Itinéraire réalisable en VAE. N'oubliez pas de recharger à l'étape !
- Votre enfant est trop grand pour la remorque, mais pas assez pour pédaler en autonomie ? Pensez aux dispositifs de traction ! La référence : le FollowMe.
- Pour remplir vos bidons, tentez votre chance dans les cimetières. On y trouve généralement un robinet !

39

Les aventures d'Assia

Si on allait aux champignons ?

IMMERSION EN FAMILLE DANS LA FORÊT DE MONTMORENCY

« Pour que les enfants comprennent le monde et développent leur intelligence, faites-les grimper aux arbres et courir dans les bois ! », écrit Louis Espinassous, éducateur nature, conteur, pisteur d'ours et berger. C'est ce que nous vous invitons à faire tout près de chez vous, où que vous habitiez. Ou bien ici, dans la forêt de Montmorency, à quelques stations de RER de la capitale. Pour vivre cette microaventure, laissez les rênes aux plus petits, et préparez-vous pour la « marche à zéro à l'heure ».

1 jour
À partir de 4 ans

DÉPART
Gare de Taverny

DISTANCE
1 km jusqu'à l'entrée de la forêt, puis déambulation

DURÉE
Env. 5h

Marche et déambulation

Forêt de Montmorency

1

L'aventure commence à l'arrivée à Taverny, sur le chemin de la Normandie, et l'on s'y croirait avec sa gare aux colombages rouges ! Une marche de 15 min dans les rues du joli village mène au coteau de la sente des Tartarons, où pousse un peu de vigne. Au sommet, on rejoint (par la sente des Valençons) la chapelle de l'Ecce Homo, porte d'entrée dans la forêt. Premier défi : grimper la côte entre les arbres plutôt que par le sentier ! Là, à couvert, s'ouvre un bois de châtaigniers et de chênes, fort propices à la pousse de champignons. Le jeu consiste vraiment à s'immerger dans la nature, à ralentir le rythme et à commencer à regarder autour de soi. Plus vous marcherez dou-ce-ment, le nez rivé au sol, sur les souches et les troncs, plus ils apparaîtront, ces champignons, des plus minuscules aux plus gros ! En octobre, munis-

sez-vous d'un panier, les châtaignes abondent, à ramasser à même le sol.

La forêt héberge aussi quantité d'animaux sauvages, et vous découvrirez très certainement des traces laissées par les chevreuils ou les sangliers : boutis quand la terre est toute retournée, frottis quand les arbres sont griffés, empreintes dans la boue, ou sentes – ces sentiers formés par le passage des animaux. Vous pourrez rejoindre en 15 min l'étang Godard, mais aussi vous « perdre » dans les sous-bois alentour. En réalité, vous retomberez toujours sur un sentier et retrouverez facilement votre chemin! Nous vous conseillons ce petit jeu que nous faisons quasiment à chaque sortie : la « marche à zéro à l'heure ». Il s'agit tout simplement de se mettre au rythme des enfants et de se laisser guider par eux et par leur instinct. Cela prendra presque une forme méditative pour vous, pendant qu'eux seront absorbés dans mille et une découvertes!

Au retour, variez le chemin et descendez par la sente des Tampons pour repartir par l'arrêt Vaucelles.

« MARCHE À ZÉRO À L'HEURE », GUIDÉE PAR L'INSTINCT DES ENFANTS

Esprit d'aventure

L'association L'Appel de la forêt propose des temps d'immersion, de découverte et de jeu dans la nature pour les enfants, et autour de Paris. Pour redécouvrir la forêt!

↓

www.appeldelaforet.fr

Les champignons

Emportez avec vous un guide de reconnaissance des champignons et essayez de déterminer lesquels sont comestibles et lesquels ne le sont pas. Non pour les manger, à moins d'en avoir déjà l'expérience, mais pour observer. En revanche, contrairement aux idées répandues : vous et vos enfants pouvez toucher tous les champignons. Et même si vous vous touchez le visage après, il n'y a aucun risque. Le seul risque vient de l'ingestion. Gardez à l'esprit que le champignon n'est que la partie immergée de l'iceberg, qui sert à la reproduction de cet élément capital de la vie des forêts! (Voir p.228)

CEUX-LÀ SONT BEAUX MAIS ON NE LES PREND PAS !

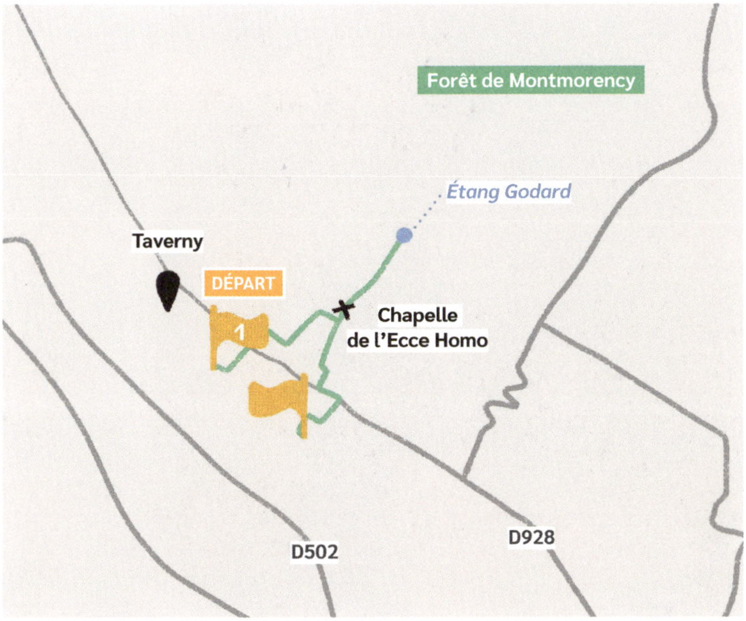

INFORMATIONS PRATIQUES

Accès

Taverny est situé à 20 km au nord-ouest de Paris. Au départ de la gare du Nord, on y accède en 30 min de train environ (Transilien ligne H).

Restauration

Boulangerie Degrolard
Taverny
01 39 60 04 10, Tlj. 6h30-20h, sauf mer.

CONSEILS

- Le pique-nique en forêt reste notre idéal, voici quelques idées pour sortir du jambon-beurre : des crudités à croquer (céleri, fenouil, etc.), des épis de maïs au sel, des tapenades à tartiner, de la soupe en Thermos quand il fait froid...
- Mais Taverny présente aussi l'avantage de compter une excellente boulangerie.

40

Les aventures d'Assia

Crépuscule en sous-bois

UNE SOIRÉE DANS LA FORÊT DE SAINT-GERMAIN-EN-LAYE

Aller au-delà de ses peurs, écouter les bruits de la forêt qui s'endort, retrouver la puissance de la vue nocturne, aiguiser ses sens et avoir l'impression de vivre une aventure à la porte de chez soi… Une marche à la nuit tombante offre tout cela, à condition évidemment de la préparer un minimum, et de se faire confiance. Direction la forêt de Saint-Germain-en-Laye.

1 jour
À partir de 8 ans

DÉPART
Gare de Saint-Germain-en-Laye

DISTANCE
5,5 km

DURÉE
Env. 2h

Marche et déambulation

Forêt de Saint-Germain-en-Laye

1

À la sortie de la gare, avant de s'enfoncer dans la nuit, derniers regards sur la civilisation, avec les parterres à la française et le jardin à l'anglaise du château de Saint-Germain-en-Laye. On entre dans la forêt par la grille Dauphine et sa maison forestière. Les animaux de la ferme (cochon noir, poules et brebis) y paissent tranquillement dans l'enclos.

Dirigez-vous vers le nord, par la Route verte. Au bout d'un petit kilomètre (prudence à la traversée de la départementale), bifurquez vers l'ouest par la route du Houx, et poursuivez jusqu'à la mare aux Canes. C'est le moment de se poser pour le goûter et de se laisser bercer par le clapotis de l'eau et des habitants de la mare. Attendez que la luminosité baisse doucement, puis repartez sur la route de la Vierge jusqu'au croisement de Notre-Dame-de-Bonsecours.

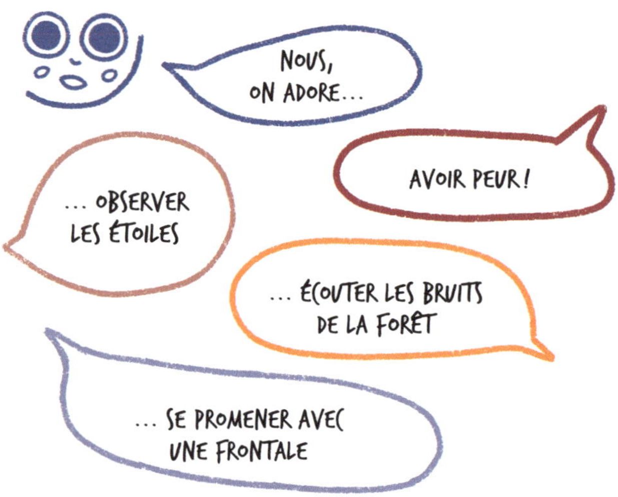

Là, le ciel est dégagé et vous pourrez bien observer les étoiles si la nuit est claire. Osez, ici, sortir (un peu) des sentiers, pour vous offrir un temps d'écoute de la forêt. Pour cela, baissez la voix, éteignez les frontales, posez-vous confortablement au pied d'un arbre, sur une souche ou en cercle, et laissez le calme s'installer. Pour entrer dans vos sens, regardez le sol à vos pieds, puis les premiers buissons autour de vous, levez la tête vers les houppiers… Soyez le plus silencieux possible et lâchez le mental. Le crépuscule est l'heure où tout change, les lumières, les couleurs, les bruits… les oiseaux lancent leurs derniers chants, certains insectes aussi, puis tout s'estompe. Il est probable que vous entendiez des aboiements de chevreuils au loin (ou des chouettes plus tard dans la nuit)…

Quand vous souhaiterez repartir, prenez vers l'est par la route de la Porte-Verte avant de tourner au sud par la Route verte.

Vous avez dit « peur du noir » ?

La peur surviendra peut-être, car l'être humain se prémunit de l'obscurité depuis si longtemps ! Vous pouvez en parler calmement, sans en rire, ou le cacher. En groupe, cela est moins fréquent, surtout si on se tient proches ou par la main. Mais un conseil : n'allumez pas votre frontale, habituez-vous progressivement à l'obscurité. L'œil s'adapte très vite, alors que le faisceau d'une lampe aveugle. Marchez sur les chemins, fiez-vous au ressenti de vos pas, ressortez la lampe uniquement pour vérifier le chemin. De plus, en hiver, sous les arbres nus et avec la réverbération des lumières de la ville, il ne fera jamais totalement noir.

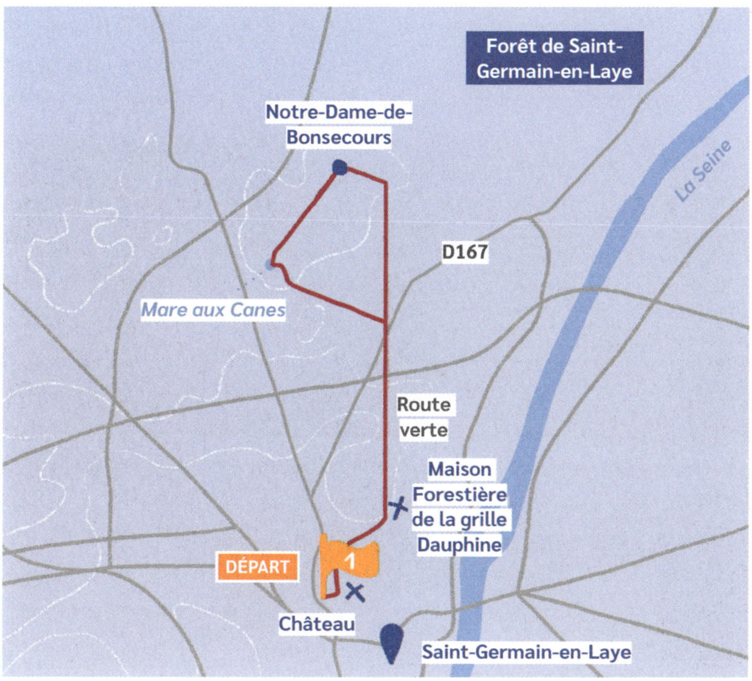

INFORMATIONS PRATIQUES

Accès

Saint-Germain-en-Laye est situé à 15 km à l'ouest de Paris. On y accède en RER (ligne A), en 30 min environ.

CONSEILS

- En hiver, nous vous conseillons de partir vers 16h, vous aurez le plaisir de prendre le goûter en forêt, puis profiterez de la lumière qui tombe doucement, jusqu'à vous habituer à l'obscurité. Vous retrouverez le confort de votre maison pour le dîner et pourrez débriefer cette aventure partagée. Si c'est en été, prévoyez plutôt un apéro pique-nique !
- N'oubliez pas votre lampe frontale, bien sûr, une carte précise et/ou un GPS chargé.

41

Les aventures d'Assia

Affût au refuge

OBSERVATION DES ANIMAUX ET DE LA NATURE EN FORÊT DE FONTAINEBLEAU

2 jours
À partir de 4 ans

Dormir en refuge, guetter les bêtes sauvages au petit matin, s'offrir une errance en forêt… Toute une aventure, à seulement une heure de Paris! On vous emmène en forêt de Fontainebleau, dans le massif des Trois-Pignons.

Jour 1 Refuge
Forêt de Fontainebleau

La première journée est dédiée à l'installation au refuge, aux jeux au jardin et à la découverte de la forêt toute proche. Cette ancienne ferme a été aménagée en 1969 par l'association des Amis de la Nature Horizons. Et comme dans tout refuge, vous ferez sans doute connaissance avec les randonneurs venus de tous horizons! Si vous y arrivez tôt, profitez de la journée pour aller découvrir le massif des Trois-Pignons : les enfants devraient apprécier les sables du Cul de Chien (une dizaine de kilomètres au sud), sorte de vaste plage au milieu des arbres, ou simplement de grimper sur les fameux rochers de la forêt.

Mais ne rentrez pas tard, à l'heure du dîner, tout le monde s'affaire, car la cuisine est partagée, chacun fait sa tambouille. Puis se couche tôt, car, demain, il y a l'affût!

LA FERME DEVENUE REFUGE

Jour 2 Affût
Forêt de Fontainebleau

Au petit matin, partez en direction de la mare de Coquibus, à quelque 500 m au nord du refuge : certains habitants de la forêt viendront sans doute se désaltérer avant de s'enfouir dans les sous-bois… Installez-vous « sous le vent », afin que les animaux ne sentent pas votre présence, ne faites plus de bruit, et… ouvrez les yeux. Baissez la voix pour que tout le monde se mette au diapason et ouvrez vos sens à la forêt. Tentez d'entendre les plus petits bruits possibles en mettant vos mains en coquille derrière les oreilles, de voir la plus petite chose possible, une feuille qui bouge du coin de l'œil, ou à l'inverse un détail au loin, ouvrez vos narines pour vous laisser envahir par les odeurs, et touchez ce qui vous entoure. Une fois prêt, choisissez votre endroit et ne communiquez plus que par langue des signes… L'affût peut commencer.

Après votre affût et un petit déjeuner bien mérité (pourquoi pas directement en forêt), voici une seconde proposition : vous offrir une errance en famille. Une errance, c'est tout le contraire d'une rando. Mais c'est tout aussi aventureux! Marcher sans but, se laisser guider uniquement par ce que vous voyez, par votre instinct, par le « rien ». En se focalisant sur les sens comme pour l'affût, on se met dans un état de disponibilité aux « cadeaux » de la nature : vous ferez peut-être des trouvailles exceptionnelles comme un bois de chevreuil ou de cerf, un nid tombé, ou d'autres plus infimes mais qui prendront un sens pour vos enfants. À la fin de l'errance, vous pourrez discuter en famille de ce que vous avez trouvé : chacun aura une histoire à raconter et quelque chose à livrer.

L'AFFÛT, C'EST AUSSI, PARFOIS, BIEN REGARDER PAR TERRE

INFORMATIONS PRATIQUES

Accès

Le refuge du Coquibus se situe à 1h env. de Paris en voiture, près de Milly-la-Forêt. De la rocade nord (D837) de Milly-la-Forêt, un chemin carrossable part en direction de la barrière ONF et du parking de la Gorge à Véron. Le refuge est 1 km plus loin.

Hébergement

Refuge de la Ferme du Coquibus
Un refuge ouvert à tous, et ses chambres de 4 à 6 personnes. Pas d'électricité après 23h, n'oubliez pas votre frontale. Mieux vaut réserver.
18€/adulte (demi-tarif pour les enfants)
06 26 54 32 58
www.an-horizons.org

CONSEILS

• Pour l'affût, renseignez-vous sur l'horaire du lever du soleil et allez en forêt environ 1h avant. Prenez de quoi boire quelque chose de chaud et de bons vêtements.

Pister les animaux sauvages

Des empreintes en forme de doigts dans la terre meuble, des poils accrochés à l'écorce d'un arbre, de l'herbe haute piétinée, un large terrier, etc. La piste animale est là, toute proche, à celui qui sait voir et décrypter ses indices. Pour cela il faut porter un autre regard sur l'environnement naturel. Ralentir le rythme. Se fondre dans le paysage. S'armer de patience. Être à l'affût.

TROUVER UNE PISTE

Le jour, les animaux sauvages ont tendance à se faire discrets : ils gagnent leur zone de protection, rejoignant la forêt ou un haut plateau pour voir venir le danger et le sentir (les odeurs montent avec l'air chaud). La nuit, jusqu'à l'aube, ils bougent, sortent des bois, descendent des hauteurs pour se nourrir dans les prairies et les espaces à découvert. Le territoire entre ces deux espaces constitue leur zone de passage : c'est elle qui contient les indices qui vous mettront sur la piste...

L'EMPREINTE

L'empreinte est la reine des indices. Piégée dans le sable, la neige ou la boue, elle est facile à identifier. Mais comment pister sans traces ? Les animaux sauvages laissent de multiples indices, mais il faut encore savoir les repérer et les interpréter.

LES COULÉES

Les animaux sauvages sont des êtres d'habitude, ils passent régulièrement au même endroit, laissant des coulées sur leur territoire : herbe couchée ou piétinée, petit sentier plus ou moins net dans la végétation. On les trouve le plus souvent le long des chemins et des bosquets, en lisière de bois et aux abords de points d'eau.

AUTRES INDICES

D'autres indices peuvent confirmer la piste : des crottes, des restes de repas (pommes de pin rongées, noisettes décortiquées, petites branches coupées), des poils sur l'écorce d'un arbre, pris dans les ronces ou les barbelés, un terrier.

IDENTIFIER DES EMPREINTES

Les mammifères laissent des empreintes de sabots, comme le chevreuil ou le chamois ; de pelotes digitales (coussinets) comme le blaireau, le renard ou le loup ; de mains, comme le castor ou l'écureuil. Leur nombre, leur taille et la marque de griffes permettent de savoir qui est passé par là !

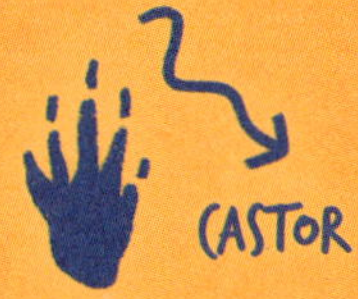

LES SABOTS

Un sabot composé de deux pinces fines écartées de 5 ou 6 cm de long ? C'est l'empreinte d'un chamois. Des pinces plus proches et plus courtes ? Ce pourrait être la trace d'un chevreuil.

LES MAINS

Une main à cinq doigts à l'arrière, quatre à l'avant, des pattes de même taille et une empreinte d'environ 5 cm ? C'est une marmotte. Une empreinte plus petite ? C'est sûrement un écureuil. Cinq doigts palmés avec griffes et une empreinte de 5 cm (pattes avant) ou 10 cm (pattes arrière) ? Vous avez affaire à un castor.

LES PELOTES

Cinq pelotes (doigts), des marques de longues griffes et des pattes arrière plus grandes que les pattes avant ? Un blaireau est passé par là. Une trace de quatre pelotes ovales de 5 cm et la marque de griffes, c'est l'empreinte d'un renard… De 7 cm environ ? C'est un loup ! Cinq pelotes, de longues griffes et une empreinte de 8 à 11 cm ? Un ours est dans les parages…

OBSERVER LES ANIMAUX

LE BON MOMENT

L'aube et le crépuscule sont les moments les plus propices à l'observation de la faune sauvage. Observez bien les lisières des forêts, où les animaux patientent souvent plus longtemps avant d'oser s'aventurer dans une zone à découvert. Le bivouac en pleine nature, à condition de se lever tôt, offre les meilleures chances de rencontres inattendues.

PATIENCE… PATIENCE

La patience est la clé de toute observation réussie : il faut parfois être à l'affût de longues minutes… ou heures !
La discrétion est l'autre qualité indispensable : sonore (faire le moins de bruit possible), visuelle (s'habiller des couleurs de la terre, du sable et des feuillages pour se fondre dans l'environnement) et olfactive (marchez contre le vent, les animaux ne vous sentiront pas venir).
Une fois installé, il faut se faire oublier… La nature reprend alors vie, s'offrant au regard.
La règle la plus importante ? Ne pas déranger les animaux trop longtemps.

42

Les aventures
de Thibault

Quand on ira sur les chemins...

**... À BICYCLETTE ET CANOË
AU FIL DE LA LOIRE**

Et si l'on partait à vélo sur les chemins de la Loire? Cet itinéraire légendaire entre Sancerre et Orléans traverse la France des petits villages de caractère et des bistrots d'antan, c'est le pays des canaux, des bateliers et des châteaux... La voie cyclable, totalement protégée et sans dénivelé, est idéale pour une première itinérance avec des enfants autonomes à vélo. Pour profiter encore mieux de la douceur ligérienne, vous pourrez aussi troquer vos vélos contre des canoës, pêcher à la mouche, jouer les Robinson dans la végétation drue d'îlots déserts, faire des barrages avec les castors... Puis, après 150 km, arriver, triomphants, au pied de la cathédrale d'Orléans! Une épopée taillée pour les petits baroudeurs.

7 jours
À partir de 8 ans

DISTANCE
25 km

DÉNIVELÉ
+ 70 m

DURÉE
Env. 2h

NUIT
Camping
les Germains

Jour 1 Vélo

Saint-Satur → Belleville-sur-Loire

Nous entamons cette longue itinérance au fil de la Loire depuis les terres sancerroises, pays du crottin de Chavignol et du bon vin!

À Saint-Satur, nous filons tout droit vers le nord sur les berges du canal latéral, saluant au passage les bateliers remontant le fleuve vers Nevers. À l'approche de Cosne-sur-Loire, l'itinéraire vient flirter avec le cours sauvage de la Loire, qui ici navigue paresseusement entre bancs de sable et îlots de végétation. Au passage, nous croisons la silhouette médiévale du château de Buranlure, puis les deux grosses tours de celui de Pezeau, avant de rejoindre l'escale du jour : Belleville-sur-Loire.

PONTS ET ÉCLUSES RYTHMENT LE VOYAGE

DISTANCE
23 km

DURÉE
Env. 2h

DÉNIVELÉ
+ 75 m

NUIT
Camping Le
Martinet

Jour 2 Vélo

Belleville-sur-Loire → Briare

Nous reprenons la navigation sur le canal latéral, qui, à bonne distance du fleuve, file tout droit entre jardins maraîchers et terres agricoles. Chaque écluse, avec ses péniches s'élevant au gré du remplissage du sas, offre aux enfants un spectacle fascinant.

À Châtillon, l'écluse Mantelot connecte le canal à la Loire : nous retrouvons les berges sauvages du fleuve et ses bras languissants, parfaits pour une partie de ricochets et pour regarder plonger les martins-pêcheurs. On peut même partir en balade en bateau (www.mercilaloire.com). L'arrivée sur Briare, avec son pont-canal en ligne de mire, est très plaisante.

Esprit d'aventure

Le vent de l'aventure souffle au Pavillon du Milieu de la Loire! Imaginez un instant vos jeunes robinsons, catapultés toute une journée en pleine nature, coupés du monde et obligés d'apprendre les règles de base de la survie! Ils devront ramasser du bois, faire démarrer un feu, faire des nœuds malins, construire des cabanes, identifier les plantes sauvages comestibles...

↓
Pavillon du Milieu de la Loire
Uniquement l'été
Pouilly-sur-Loire
03 86 39 54 54
pavillondeloire@coeurdeloire.fr

DISTANCE
16 km à vélo,
11 km en canoë

DURÉE
Env. 4h

DÉNIVELÉ
+ 95 m

NUIT
Camping touristique de Gien

Jour 3 Vélo et canoë

Briare → Gien

3

La traversée du pont-canal donne le coup d'envoi de cette journée! Cet incroyable aqueduc aux airs de pont Alexandre-III, bordé de trottoirs cyclables et de lampadaires, réalise l'exploit de connecter la Loire à la Seine, via les canaux de Briare et du Loing.

Après Briare, libérée du canal, la voie cyclable prend la clé des champs, sillonnant une riche plaine agricole jusqu'à l'austère silhouette médiévale du château de Saint-Brisson.

À Gien, nous décidons d'échanger nos vélos contre des canoës et de retourner à Briare (location et dépose par le prestataire du camping de Gien) pour faire le même trajet... mais cette fois sur l'eau! La perspective est si différente qu'on peine à reconnaître les villages traversés quelques heures plus tôt... Une descente entre petits rapides, oies sauvages et baignades qui nous ramène au camping de Gien la tête pleine d'étoiles.

DISTANCE
32 km

DURÉE
Env. 2h30

DÉNIVELÉ
+ 90 m

NUIT
Camping Onlycamp Le Port

Jour 4 Vélo

Gien → Saint-Benoît-sur-Loire

L'itinéraire épouse les méandres du fleuve, côtoie les champs de tournesols et de maïs, et s'autorise quelques incursions sur ses berges, l'occasion pour nous d'une courte partie de pêche et d'un pique-nique à l'ombre...

Nous abordons Sully-sur-Loire par l'allée centrale de son parc royal, qui mène au château médiéval, entouré de douves en eau. Changement d'époque et de style avec l'ancien viaduc ferroviaire de Sully, désormais passerelle réservée aux cyclistes, que nous traversons pour rejoindre Saint-Père, rive gauche. Dans la lumière déclinante de cette fin de journée d'été, le passage dans ce treillis métallique fait l'effet d'un stroboscope géant qui amuse beaucoup les enfants.

Encore quelques kilomètres avant de rejoindre Saint-Benoît-sur-Loire, petit village de caractère dont les belles bâtisses du bourg, pourtant construites à bonne distance du fleuve, pourraient en raconter long sur ses débordements séculaires... Nous nous endormons dans un cadre enchanteur, au bord du fleuve, face à l'île du Port, dont la végétation touffue et le caractère mystérieux en font le cadre parfait d'une robinsonnade.

DISTANCE
23 km

DURÉE
Env. 2h

DÉNIVELÉ
+ 110 m

NUIT
Camping de l'Isle-aux-Moulins

Jour 5 Vélo

Saint-Benoît-sur-Loire → Jargeau

Un premier détour à la sortie du camping jusqu'au village de Saint-Benoît pour prendre un café-croissant matinal sur la place du village, un coup d'œil à la basilique millénaire, puis nous reprenons la route! Châteauneuf-sur-Loire est seulement à trois larges méandres d'ici... Dans la dernière boucle, nous découvrons, serti dans un jardin à l'anglaise traversé d'une rivière, un joli château 17e. Dans ses anciennes écuries, le musée de la Marine de la Loire retrace l'histoire de la navigation sur le fleuve.

Encore quelques kilomètres et voici Jargeau et sa plage, où nous faisons escale pour la nuit.

LA LOIRE, UN MIROIR D'EAU FASCINANT

DISTANCE 21 km
DURÉE Env. 1h45
DÉNIVELÉ + 30 m
NUIT Camping d'Olivet

Jour 6 Vélo et canoë

Jargeau → Olivet

6

Nous évoluons désormais sur les immenses digues de la Loire, qui tentent tant bien que mal de contenir les crues dévastatrices du fleuve. Du château de l'Isle, victime des caprices du fleuve lors de la crue de 1866, ne subsiste qu'un pan de la façade principale, qui découpe de poétiques fenêtres dans le bleu du ciel. À deux pas, nous louons des canoës auprès d'Alliance Canoë Kayak pour profiter une dernière fois du fleuve, au fil d'un parcours de 10 km jusqu'à Saint-Jean-de-la-Ruelle en passant par Orléans. De retour à la base nautique, on reprend les vélos jusqu'au discret camping installé à l'ombre de grands arbres entre le Dhuy et la source du Loiret.

LES TOURS DE LA CATHÉDRALE ANNONCENT LA FIN DU VOYAGE...

DISTANCE 8 km
DURÉE 45 min
DÉNIVELÉ + 40 m

Jour 7 Vélo

Olivet → Orléans

7

Cette dernière journée à vélo nous mène en quelques coups de pédale jusqu'à la cathédrale Sainte-Croix d'Orléans. Près de six siècles plus tôt, une certaine Jeanne d'Arc assistait ici à une messe dans une Orléans assiégée par les Anglais. Après la leçon d'histoire, direction le glacier Moustache pour féliciter les enfants de leur courage et de leur endurance. L'aventure de la Loire touche à sa fin...

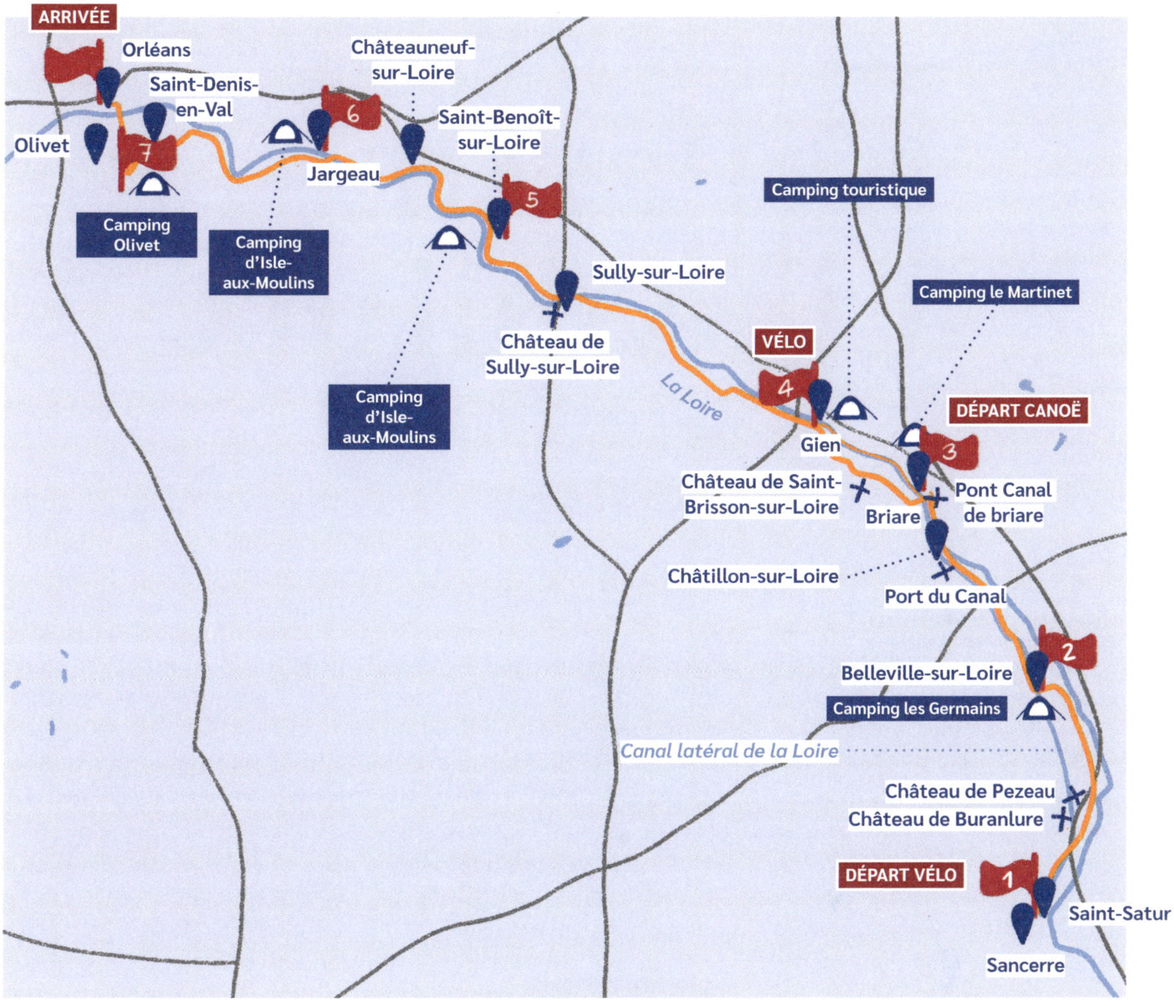

INFORMATIONS PRATIQUES

Accès

Saint-Satur, Sancerre. 1h en voiture depuis Bourges.

Itinéraire

Préparez bien votre itinéraire grâce au site bien fourni de la Loire à vélo : www.loireavelo.fr
Avant le départ de Sancerre, envoyez une équipe déposer la voiture à Orléans et revenez en train via Vierzon et Nevers.
Il existe aussi un service de transfert de bagages, vélo et personnes pour les voyageurs à vélo, proposé par le loueur Vélo Val de Loire : https://velovaldeloire.com

Hébergements

Camping Les Germains
Belleville-sur-Loire, 02 48 72 39 49

Camping Le Martinet
Val du Martinet, Briare, 02 38 31 24 50, www.entreprisefrery.com/camping-les-martinets

Camping touristique de Gien
Poilly-lez-Gien, 02 38 67 12 50, www.camping-gien.com

Camping Onlycamp Le Port
Saint-Benoît-sur-Loire, 02 38 35 12 34, www.onlycamp.fr/camping-le-port

Camping de L'Isle-aux-Moulins
Jargeau, 02 38 59 70 04, www.camping-jargeau.fr

Camping d'Olivet, Olivet
02 38 63 53 94, www.camping-olivet.org

Restauration

Nature et des Courgettes
Saint-Benoît-sur-Loire, 06 63 56 66 77

La Sardine, Orléans
www.facebook.com/GuinguetteLaSardine

Glaces Moustache
Orléans, 09 88 49 54 14, www.facebook.com/moustacheorleans

Location d'équipement

Vélo Val de Loire
Jargeau, 02 38 56 80 62
www.velovaldeloire.com

CONSEILS

• Pour pouvoir profiter au mieux de la Loire, nous vous avons proposé des étapes courtes, qui permettent des excursions annexes, comme le canoë ou les châteaux. C'est plus reposant pour les enfants, qui peuvent ainsi profiter de la rivière et des campings. Un enfant de 6/7 ans peut pédaler sur tout l'itinéraire. Plus jeune, il vaudra mieux le mettre dans une remorque.

Partir à l'aventure

AVEC SES ENFANTS

En randonnée

Jusqu'à 2 ans environ, vous randonnerez avec votre enfant dans un porte-bébé. Le temps de marche (donc la durée et le dénivelé à envisager) dépendra de votre forme physique : un randonneur marche à une moyenne de 4 à 5 km/h, avec un porte-bébé il faudra compter entre 3 et 4 km/h (même 2 km/h avec du dénivelé et un chemin accidenté). Attention aux conditions météo, pour que votre enfant soit toujours dans une situation de confort thermique. À cet âge-là, il devrait monter en altitude progressivement pour préserver ses tympans (évitez les ascensions en téléphérique) et ne pas dépasser 1800 mètres.

À partir de 2 ans, les enfants commencent à marcher, évidemment pas très longtemps. C'est donc souvent un retour en arrière pour les parents aventuriers, qui doivent s'adapter à ce nouveau rythme et laisser l'enfant découvrir son environnement, la faune, la flore, les obstacles du chemin, pour finalement grandir en pleine nature. En prenant son temps. On progresse alors à environ 1 km/h et il est important de fixer des objectifs ludiques pour les motiver : un goûter, un lac, des animaux ! Ne dépassez pas les 200 m de dénivelé sur une journée. Si vous souhaitez aller plus loin, vous pourrez alterner avec un peu de portage afin de soulager votre enfant.

À partir de 5 ans, les enfants marchent en autonomie de plus en plus longtemps. Cela doit rester ludique, mais ils seront capables de belles balades, surtout si vous les habituez. Les dénivelés peuvent passer à 400 ou 500 m par jour. Vous pouvez commencer à les responsabiliser en leur faisant porter un petit sac à dos léger, avec gourde, doudou et pourquoi pas un petit livre sur la faune et la flore, qu'ils s'empresseront de sortir à chaque pause.

Vers 7-8 ans, un enfant marche à une vitesse moyenne de 3 km/h, et à partir de 10 ans, on peut considérer que ses capacités sont proches de celles d'un adulte (il faudra peut-être les motiver un peu !).

Sans dénivelé, il est de coutume de considérer que l'enfant peut marcher autant de kilomètres qu'il compte d'années (3 km à 3 ans, 4 km à 4 ans, etc.), voire un peu plus si la pause déjeuner est conséquente. À partir de 7-8 ans, on peut augmenter en fonction de l'enfant. S'il y a du dénivelé, le temps de marche sera plus long (on ajoute 1h au temps de marche tous les 600 m de dénivelé, c'est la règle de Naismith, valable pour les adultes, à adapter en fonction de l'âge de l'enfant).

Enfin, le principe, quand on part à l'aventure en famille, c'est d'être toujours à l'écoute de ses enfants, de ne pas les surestimer… tout en les poussant un peu en dehors de leur zone de confort !

À vélo

Le voyage à vélo est accessible au bébé **à partir de 9-10 mois**, dès qu'il peut se tenir assis et conserve sa tête droite. Il faut alors utiliser une remorque : sur les modèles dédiés à l'itinérance, l'habitacle est souvent un véritable petit cocon ! Et le siège enfant ? Il est plutôt réservé à un usage urbain et à de courtes balades.

Quand l'enfant est en âge de pédaler, **vers 4-5 ans**, vous aurez deux options. Le vélo suiveur est un demi-vélo : à la place de la roue avant, une barre le rattache au vélo du parent. Ce dispositif ne permet pas à l'enfant d'être indépendant. L'autre option, c'est la barre de traction, qui attache un vélo enfant au vélo adulte en surélevant la roue avant. Dans ce cas, il suffira de décrocher la barre pour que l'enfant soit en autonomie. Cela permet d'alterner facilement, sur un même parcours, traction et autonomie.

À partir de 8 ans environ, votre enfant devrait être capable de vous suivre en autonomie sur son propre vélo. Bien sûr, faites preuve de bon sens : commencez par de courts itinéraires près de chez vous, à la demi-journée ou à la journée, avant de tenter un périple plus long sur une voie verte, par exemple. Vous verrez que l'on goûte vite aux plaisirs du voyage à vélo !

Comme pour la randonnée, il faudra calquer votre rythme sur celui des enfants, et compter avec leur temps de sieste, de repas ou de goûter. Si vos jeunes enfants pédalent, comptez 10 à 12 km/h et ne dépassez pas 30 km par jour (au-delà, vous risquez de les décourager). Cela vous permettra de profiter du voyage, de multiplier les pauses et les visites. Attention, si vous dormez sous tente, la journée ne s'arrête pas à l'arrivée, il faut ensuite installer le campement, faire à manger, etc. Prévoyez donc d'arriver à votre point d'étape en milieu d'après-midi. Le matin, il faut souvent compter 2h entre le réveil et le moment du départ. Prévoyez vos itinéraires en conséquence !

Pédaler pour le seul plaisir est un concept un peu abstrait pour les enfants : donnez-leur une raison d'avancer, un but, insufflez un sens à votre périple, et éveillez leur curiosité !

En canoë/paddle/kayak

Si l'on est libre d'emmener son enfant naviguer sur les rivières, l'âge réglementaire pour la pratique du canoë est de **6 ans au minimum**, l'enfant devant savoir nager (25 m) et pouvoir mettre la tête sous l'eau. Sur les plans d'eau, c'est généralement possible plus tôt.

Préparez bien votre itinéraire pour l'adapter à l'âge des enfants. Les petits rapides (classes I et II) sont amusants à partir de 6 ans. Il faudra attendre qu'ils aient environ 10 ans avant de les engager dans des rapides de classe III et au-delà.

Ne dépassez pas 2h de navigation d'affilée. Si vous envisagez plus, faites des pauses baignade ou pique-nique pour couper la journée. Et ne naviguez jamais la nuit ! À bord, placez les enfants entre deux adultes, ou devant vous si vous êtes seuls, afin de les avoir sous les yeux. Choisissez des itinéraires calmes pour éviter tout risque de chavirer.

À partir de quel âge un enfant peut-il occuper la place d'un pagayeur ? Rarement avant **l'âge de 12 ans** ! Avant cet âge-là en effet, les enfants ne sont pas très « actifs » sur l'eau.

Pour ce qui est de la vitesse sur l'eau, comptez env. 4km/h et au maximum 20 km/j. Bien sûr, ce sont des moyennes à adapter en fonction de divers facteurs : courant, niveau d'eau, vent, âge et expérience des pagayeurs.

Le gilet de sauvetage est bien entendu obligatoire, pour les grands comme pour les plus jeunes. Pensez à bien protéger vos enfants du soleil (casquette et crème solaire obligatoires), car sur l'eau, où il fait plus frais, on ne sent pas arriver coups de soleil ou insolations.

Conseil : prévoyez des affaires de rechange (surtout si vous bivouaquez), car vous finirez probablement tous plus ou moins mouillés, revêtez une tenue confortable et des chaussures fermées ou adaptées à l'eau.

8 applications

POUR AUGMENTER SON AVENTURE

Si la déconnexion est largement préconisée en pleine nature, surtout pour les enfants, un smartphone est parfois très utile pour faciliter les déplacements, mais aussi observer la nature... Voici une sélection d'applications qui pourraient vous servir :

• FATMAP

L'application de cartographie qui permet de préparer son aventure en 3D, en identifiant les dénivelés, les cols et autres obstacles que l'on ne voit pas sur une carte normale. Elle possède de nombreuses fonctionnalités dont le mode hors ligne ou celle permettant d'enregistrer, mais disponibles dans la version payante uniquement.
Android et IOS ; achats intégrés.

• KOMOOT

La référence dans l'univers du voyage à vélo (et de la rando) : planificateur d'itinéraire et instrument de navigation, avec le détail des profils topographiques, des types de revêtements, etc.
Android et IOS ; achats intégrés.

• PEAK FINDER

Cette appli vous montrera en réalité augmentée les sommets, leur nom et leur altitude où que vous soyez. On peut même changer l'altitude du point de vue pour voir ce qui se cache derrière la montagne en face !
Android et IOS ; payante.

• GEOCACHING

Pour occuper les enfants durant une longue randonnée ou une itinérance à vélo, rien de mieux que le geocaching, un concept communautaire qui recense des milliers de cachettes de « trésors » à travers le monde. Regardez autour de chez vous, il y en a sûrement quelques-unes.
Android et IOS ; achats intégrés.

• NIGHT SKY

La réalité augmentée au service de la lecture des étoiles. Voir page 58.
IOS ; achats intégrés.

• METEO BLUE

L'application de météo qui possède le modèle le plus fiable pour anticiper les changements, même en montagne. On y trouve également un radar pour la pluie à venir, la carte satellite des nuages et même des recommandations pour savoir où aller chercher le soleil autour de soi.
Android et IOS ; gratuite.

• SEEK by iNaturalist

Cette appli vous propose d'en savoir plus sur les plantes, les animaux, les insectes ou les champignons que vous rencontrez lors de vos balades : il suffit de les flasher ! Une véritable encyclopédie de la nature avec plus de 30 000 variétés recensées.
Android et IOS ; gratuite.

• BIRDNET

Cette application permet d'identifier les chants d'oiseaux (même s'ils sont plusieurs à chanter) ! Le micro du téléphone enregistre le chant – quelques secondes suffisent– et le compare à sa base de données de plus de 1000 espèces.
Android et IOS ; gratuite.

L'équipement

Que vous partiez pour une journée ou une semaine, en randonnée ou à vélo, il y a un certain nombre de choses à ne pas oublier. Il faudra adapter votre équipement en fonction des conditions de l'aventure, de la météo, de la saison et du niveau de confort souhaité. La règle numéro un est de penser "essentiels", puis de compléter pour avoir du confort supplémentaire. On emporte souvent avec soi le poids de l'incertitude ("au cas où"), qui s'avère généralement inutile.

Ce qu'il faut toujours avoir avec soi

- Sac à dos confortable avec ceinture ventrale
- Couteau pliant type Opinel ou multifonction
- Lampe frontale (pour éclairer et garder les mains libres)
- Gourde
- Chapeau ou casquette, lunettes de soleil
- Crème solaire
- Répulsif antimoustiques
- Trousse de secours
- Couverture de survie (utile aussi pour isoler le dessous de la tente)
- Téléphone portable + chargeur solaire
- Carte papier IGN, porte-carte étanche, boussole
- Papier toilette, mouchoirs
- Sacs-poubelles

TOUT CE QU'IL NE FAUT PAS OUBLIER

Pour s'habiller

La règle des multicouches que l'on module en fonction des conditions météo, de l'activité et de l'effort fourni est le meilleur moyen de rester léger et confortable en toute circonstance.

- Tee-shirt en laine mérinos, bon isolant thermique anti-mauvaises odeurs (1re couche)
- Polaire respirante (2e couche)
- Veste imperméable et coupe-vent respirante (3e couche)
- Doudoune en cas de froid
- Pantalon qui sèche vite, stretch et confortable
- Bonnet ou Buff (tour de cou multifonction)
- Chaussettes en laine mérinos, qui ne grattent pas, restent chaudes et ne sentent pas mauvais
- Gants ou moufles selon l'activité et la saison
- Tee-shirt anti-UV à manches longues pour protéger les petits du soleil

Pour la randonnée

- ✗ Chaussures de marche (à la bonne taille) et déjà “faites” aux pieds de vos enfants
- ✗ Paire de tongs légères
- ✗ Paires de chaussettes de rechange
- ✗ Paire de jumelles
- ✗ Gourde

Pour un bivouac

- ✗ Sac de couchage suffisamment chaud pour la saison et l’altitude
- ✗ Tente ou tarp (bâche antipluie), voire hamac
- ✗ Matelas gonflables légers et solides
- ✗ Oreiller gonflable
- ✗ Popote, réchaud
- ✗ Briquet
- ✗ Trousse de toilette

Pour un voyage à vélo

- ✗ Cuissard, afin de réduire les frottements de la selle
- ✗ Veste coupe-vent imperméable
- ✗ Casque obligatoire pour toute la famille
- ✗ Gilet haute visibilité
- ✗ Sacoches imperméables et housses
- ✗ Trousse à outils (chambre à air, pompe, rustines, démonte-pneus).
- ✗ Kit d’éclairage (pour tous les vélos)
- ✗ Antivols

Les petites bêtes

GUÊPES → En cas de piqûre, une feuille de plantain, si vous en trouvez sur place, soulagera la douleur (mâchée et appliquée en cataplasme). Sinon vinaigre pur, oignon, ail ou miel feront l’affaire.

MOUSTIQUES → La meilleure façon de s’en protéger, c’est de ne rien laisser dépasser ! À la tombée du jour, couvrez jambes et bras et appliquez un anti-moustiques naturel.

TIQUES → Après chaque sortie dans la nature, inspectez le corps de vos enfants. Si vous trouvez un point noir inhabituel, c’est peut-être une tique. Utilisez un tire-tique (disponible en pharmacie), puis désinfectez la plaie. Pour prévenir les morsures, portez des chaussures fermées en forêt et, si possible, pantalons et manches longues.

Pas besoin d’emmener tous les jouets de vos enfants, même s’ils le demandent. Ils seront bien plus captivés par les jeux en pleine nature, la découverte des plantes, des animaux et autres trouvailles ! Prévoyez quand même deux ou trois petits jouets qu’ils affectionnent, un livre pour le soir, de quoi dessiner et bien sûr leur doudou.

Trousse de secours de base

- ✗ Compresses stériles, bande élastique, sparadrap
- ✗ Pansements classiques et spécial ampoules (Compeed)
- ✗ Pince à épiler, petits ciseaux
- ✗ Sérum physiologique en ampoules
- ✗ Sachets antiseptiques cutanés
- ✗ Pommade ou granules homéopathiques à l’arnica pour les petits hématomes
- ✗ Crème apaisante pour les piqûres
- ✗ Tire-tique
- ✗ Paracétamol
- ✗ Gel hydroalcoolique

L’ESSENTIEL POUR NE PAS LAISSER LES ALÉAS GÂCHER L’AVENTURE

Index

Aventures par activités

Randonnée pédestre, itinérance à vélo, descente de rivière en canoë ou en kayak, nuit en refuge ou en bivouac… Mono ou multiactivités, trouvez l'aventure qui vous correspond!

Randonnée pédestre

Randonnée avec un âne

À vélo

En canoë ou kayak

En paddle

En traîneau à chiens

Nuit en refuge

Nuit en bivouac

Faune et flore sauvage

Aventures par âges

Pour trouver l'aventure correspondant à l'âge de vos enfants. L'âge indiqué correspond à celui à partir duquel un enfant peut réaliser l'itinéraire de façon autonome (sans portage ni traction).

4 ans

5 ans

6 ans

7 ans

8 ans

9 ans

10 ans

Nous adressons nos remerciements aux auteurs qui se sont prêtés au jeu de l'aventure en famille aux côtés de Thibault Liebenguth.

Olivier Godin
(Instagram : vascoutdoor)

a réalisé les aventures 30 (L'épopée de la pagaie) et 38 (Premier 100 bornes).

Coralie Grassin
(Instagram : Chocoralie)

a réalisé les aventures 02 (Marin d'eau douce), 22 (Aventures provençales), 25 (Musarder le long de la Côte vermeille), 26 (Là-haut dans la montagne), 27 (Des estives et des gorges).

Assia Rabinowitz
(www.appeldelaforet.fr)

a réalisé les aventures 39 (Si on allait au champignons ?), 40 (Crépuscule en sous-bois), 41 (Affût au refuge).

Johanna Seban

a réalisé les aventures 21 (Dentelles et mousquetons), 24 (Deux jours au cirque), 31 (Sur la trace des thoniers), 33 (Tous en selle), 35 (Le Vexin au ralenti), 36 (Une autre Normandie).

Remerciements

Ce livre n'existerait pas sans Milena, mon amoureuse, qui m'accompagne depuis plus de 20 ans dans mes aventures : merci d'avoir été à mes côtés pour porter ce beau projet. Il n'y aurait pas non plus d'aventures en famille sans Emma et Noa, mes enfants – formidables, patients et courageux –, qui m'ont inspiré ce livre. Je remercie également mes parents, Catherine et Gérard, pour m'avoir donné le goût de l'aventure dès le plus jeune âge, sans eux rien de tout cela n'aurait été possible. Merci également à Ferdinand et Thibaut ainsi qu'à toute l'équipe de Chilowé, pour avoir partagé mes périples en famille et pour m'avoir encouragé à écrire ce livre.

Je tiens à remercier particulièrement Hélène Firquet pour sa confiance dès le début de ce projet. Ce livre a été rendu possible grâce à Vincent Grandferry, Bertrand Lauzanne, Charlotte Lebon et Flora Monnin, aux éditions Gallimard, qui m'ont guidé avec bienveillance. Merci également à Marjolaine Koch, qui a été l'étincelle de ce projet!

Je tiens à remercier Lafuma, pour toutes ces années de confiance et de vadrouille dans le grand dehors. Un grand merci également à Qaou, pour leurs tentes, qui nous abritent dans toutes les conditions, et à Mero Mero, pour leurs produits malins si utiles aux familles de baroudeurs. Merci enfin à AIR coop, pour m'avoir laissé le temps de travailler sur ce projet, et à tous les coopérateurs pour leur soutien inconditionnel.

Enfin, un grand merci à tous mes compagnons d'aventures : Fabienne, Sébastien, Anne-Laure, Jérôme, Xavier et leurs enfants Gaspard, Romane, Camille, Jeanne, Salomé et Adèle, avec lesquels nous aimons griller des chamallows au bivouac!

Crédits photos

COUVERTURE

Thibault Liebenguth (en haut, milieu gauche et en bas à droite).

Shutterstock.com – SebastienDupont (milieu droite) ; Michel Peres (centre bas)

Léo Righini-Fleur - Illustration

PAGES INTÉRIEURES

Thibault Liebenguth – 2, 10, 11, 30, 31, 36 (ht), 37, 38, 50 (ht, centre), 51, 52, 54, 55 (centre g.), 62 (bas), 63 (centre), 64, 66, 67, 68, 70, 71, 72, 76, 77, 78, 79, 80, 86, 87, 88, 92, 96, 97, 100, 101, 106, 107, 108, 111, 112 (ht), 116 (bas), 117, 118 (centre dr.), 135 (centre), 144, 146 (dr.), 175, 182 (centre, bas), 184 (bas), 185, 204, 205, 216 (ht), 256, 257 (ht), 259 (bas), 260 (ht).

Johanna Seban – p. 198 (bas), 199 (centre), 201, 211 (g.), 219 (bas), 221 (bas), 225 (bas).

Olivier Godin – p. 235 (bas), 236 (bas).

Assia Rabinowitz – p. 242, 250 (bas).

Hemis.fr – p. 12 (bas g.) : Lenain Hervé ; p. 16 (bas) : Jon Arnold ; p. 32 (ht) : Preau Louis-Marie ; p. 42 (centre) : Jaubert ; p. 44 (ht), 45 (ht) : Guy Christian ; p. 45 (bas), 46 (bas) : Lenain Hervé ; p. 56 : Moirenc Camille ; p. 118 (ht) : Lansard Gilles ; p. 134 (ht) : Moirenc Camille ; p. 136 (bas) : Lansard Gilles ; p. 137 (ht) : Rieger Bertrand ; p. 138 (dr.) : Moirenc Camille ; p. 146 (g.) : Julia Gavin ; p. 157 (ht) : AZAM Jean-Paul ; p. 162 : Barrere Jean-Marc ; p. 164 (bas) : Suetone Emilio ; p. 166 : Morandi Tuul et Bruno ; p. 167 (bas) : Manin Richard ; p. 167 (ht) : Rieger Bertrand ; p. 168 (bas), 169, 170 : Morandi Tuul et Bruno ; p. 174 : Barrere Jean-Marc ; p. 176 (bas) : Bringard Denis ; p. 190 (bas) : Souchard Jean-François ; p. 191 : Ed Buziak ; p. 192 : Guy Christian ; p. 194 : Moirenc Camille ; p. 226 (ht) : Planchard Eric ; p. 226 (bas) : Lenain Hervé ; p. 249 (ht) : Bertrand Gardel.

Shutterstock.com – p. 12 (ht) : Perrot Sebastien Aix ; p. 16 (ht) : Daniele Russo ; p. 17 (bas) : Grantibo ; p. 18 (bas) : Photo-Graphia ; p. 18 (ht) : Nataliia Budianska ; p. 23 : Pernelle Voyage ; p. 24 : Leonid Andronov ; p. 32 (bas) : Ebascol ; p. 36 (bas) : Francisco Javier Gil ; p. 43 (bas) : Wirestock Creators ; p. 43 (ht) : KamilloK ; p. 46 (ht) : Petair ; p. 50 (bas) : vouvraysan ; p. 55 (centre dr.) : LouieLea ; p. 62 (centre) : Houtch Nathan ; p. 63 (bas) : Vaclav Matous ; p. 77 : Mihai-Bogdan Lazar ; p. 78 : Leo Kohout ; p. 90 : Lheurette Photography ; p. 91 : Michel PERES ; p. 93 : Celine Naegelen ; p. 98 : Marisa Estivill ; p. 102 : RudiErnst ; p. 110 : daboul ; p. 112 (bas) : tdal ; p. 116 (centre) : Bertrand Louis ; p. 122 (bas) : Krasula ; p. 128 : barmalini ; p. 130 (centre) : thieury ; p. 130 (bas) : Mike Workman ; p. 134 (bas) : JdelPhotos ; p. 135 (ht), 136 (ht) : Juergen Wackenhut ; p. 137 (bas) : Veniamin Kraskov ; p. 138 (g.) : Juergen Wackenhut ; p. 145, 147 : Sylvain Felten ; p. 150 : Photoprofi30 ; p. 151 (ht) : Lamax ; p. 151 (bas) : ldgfr photos ; p. 152 (bas) : Armelle LL ; p. 152 (ht) : ldgfr photos ; p. 156 (ht) : sylv1rob1 ; p. 156 (bas) : Ivonne Wierink ; p. 157 (bas) : SebastienDupont ; p. 158 (ht, bas) : Damsea ; p. 158 (centre) : Richard Semik ; p. 163 : HUANG Zheng ; p. 164 (centre) : Philipimage ; p. 168 (ht) : Sun Shock ; p. 176 (ht) : saiko3p ; p. 177 : Gregory Guivarch ; p. 182 (ht) : sylv1rob1 ; p. 183 : Mathilde.lr ; p. 184 (ht) : mehdi33300 ; p. 190 (ht) : Penny Hicks ; p. 193 : Bennekom ; p. 198 (ht) : François Hurtaud ; p. 199 (bas) : Pascale Gueret ; p. 200 : Pascale Gueret ; p. 206 (ht) : travellight ; p. 206 (bas) : Lubica Jelenova ; p. 210 : Gary Le Feuvre ; p. 211 (dr.) : travellight ; p. 212 (ht) : Antoine2K ; p. 212 (bas) : goga18128 ; p. 216 (centre) : shocky ; p. 218 : Pack-Shot ; p. 219 (ht) : Pack-Shot ; p. 221 (ht) : Pack-Shot ; p. 224 (bas) : Philippe Clement ; p. 224 (ht) : Stefan Rotter ; p. 225 (ht) : Andre Quinou ; p. 230 : arenysam ; p. 231 (bas) : voyageur8 ; p. 232 (ht) : Tommy Larey ; p. 232 (bas) : andre van de sande ; p. 233 : Pack-Shot ; p. 234 : Julneighbour ; p. 235 (ht) : bensliman hassan ; p. 236 (centre dr.) : Julneighbour ; p. 237 : Jacky D ; p. 238 (bas) : BreizhAtao ; p. 238 (centre dr.) : Pack-Shot ; p. 240 : Zoltan Major ; p. 241 : bensliman hassan ; p. 243 : cynoclub (centre dr.) ; p. 243 (centre g.) : Maksim Safaniuk ; p. 243 (ht) : Arie v.d. Wolde ; p. 246 (bas) : Induphotos ; p. 246 (ht) : Pack-Shot ; p. 248 : jb.photos ; p. 250 (ht) : bensliman hassan ; p. 257 (bas) : Thomas Lenne ; p. 258 : javarman ; p. 259 (centre) : bensliman hassan ; p. 260 (bas) : milosk50.

Autres – p. 17 (ht) : Lot Tourisme, C. Asquier ; p. 22, 42 (bas), 44 (bas) : Charlotte Merlette ; p. 122 (ht), 123, 124 : Magali Selvi ; p. 129 : Ventoux Aventure Hugo. F ; p. 220 : Ânes en Vexin ; p. 231 (ht) : Marion Ecard ; p. 249 (centre dr.) : Alexandre Soria.

Dans la même collection

Trains de nuit, 30 trajets inoubliables en Europe
En pleine nature, 50 voyages pour se mettre au vert
Les petites routes, escapades buissonnières en France
2 jours pour vivre, 1 samedi + 1 dimanche et parfois 1 RTT
En forêt, 500 idées pour des escapades nature en France
Randonnées autour de Paris, 40 balades pour prendre l'air
À vélo, 50 itinéraires pour pédaler le nez au vent
En train, 32 itinéraires pour voyager autrement

Direction éditoriale
Hélène Firquet

Suivi éditorial
Vincent Grandferry et Bertrand Lauzanne

Responsable artistique, conception graphique et mise en pages
Flora Monnin

Illustrations
Léo Righini-Fleur pour les ouvertures d'itinéraires
Flora Monnin pour les pages thématiques

Fabrication
Julien Recurt et Christine Lopes

Relations presse
Sophie Gallet

Responsable des droits internationaux et des partenariats B2B
Mathilde Barrois

Photogravure
IGS-CP (L'Isle-d'Espagnac)

Remerciements
Merci à Charlotte Lebon pour son aide précieuse

PEFC PEFC/14-38-00202

Achevé d'imprimer en avril 2022 sur les presses d'Indice (Espagne)
Dépôt légal : mai 2022
Numéro d'édition : 440267
ISBN : 978-2-7424-6418-0